Karl-Otto Apel zur Einführung

D1727764

Walter Reese-Schäfer

Karl-Otto Apel
zur Einführung

Mit einem Nachwort von
Jürgen Habermas

JUNIUS

Junius Verlag GmbH
Stresemannstraße 375
2000 Hamburg 50

Copyright 1990 by Junius Verlag GmbH
Alle Rechte vorbehalten
Einbandgestaltung: Johannes Hartmann, Hamburg
Titelfoto: Andreas Pohlmann, Frankfurt/M.
Satz: Junius Verlag GmbH, Hamburg
Druck: SOAK GmbH, Hannover
Printed in Germany 1990
ISBN 3-88506-861-3
1. Auflage Oktober 1990

CIP-Titelaufnahme der Deutschen Bibliothek:
Reese-Schäfer, Walter:
Karl-Otto Apel zur Einführung / Walter Reese-Schäfer.
Mit einem Nachw. von Jürgen Habermas. —
1. Aufl. — Hamburg: Junius Verl., 1990
(Zur Einführung; 61)
ISBN 3-88506-861-3

NE: GT

Inhalt

Nachwort

Anhang

Einleitung

Ein neuer Gedanke, mehr noch, eine neuartige Weise, die Dinge zu sehen — das ist Karl-Otto Apels Beitrag zur Entwicklung des philosophischen Denkens der Gegenwart. Er hat den argumentativen Diskurs zum Kernthema seiner Lehre gemacht und daraus eine »Ethik der Demokratie«[1] entwickelt. *Die Situation der Argumentation ist rational unhintergehbar* — so lautet sein Hauptgedanke in der lapidarsten Fassung. Wenn man so will, ist das Apels »Stein der Weisen«, sein archimedischer Punkt. Wichtiger als eine solche griffige Formel ist allerdings der Begründungsgang, der im dritten Kapitel dieses Bandes dargestellt werden wird.

Apel verstehen heißt, in die aktuellen Diskussionen der Gegenwartsphilosophie eintreten. Seine Gegenspieler und Diskurspartner sind die Gegner des ethischen Universalismus und des Konsenses: Michel Foucault und Jean-François Lyotard in Frankreich, Richard Rorty in den USA, im deutschen Sprachraum etwa Odo Marquard und Hermann Lübbe als Verfechter des Herkommens und der Üblichkeiten. Die Auseinandersetzung mit den Ideen dieser Theoretiker wird den ganzen vorliegenden Band durchziehen, weil Apel in immer neuen Anläufen den Versuch unternimmt, ihren Einwänden teils gerecht zu werden, teils sie zu widerlegen. Im Zuge der Darstellung wird deutlich werden, welche Einwände auf Mißverständnisse und Abwehrreaktionen gegen das Neue zurückgehen, aber auch, welche Kritik an Apel berechtigt ist.

Das Denken dieses Diskurstheoretikers verläuft selber diskursiv. Es entwickelt sich im ständigen Eingehen auf Argumente und Einwände. Dieses Hin und Her der Argumentation soll hier möglichst klar und pointiert vorgeführt werden. Man kann diesen Band deshalb auch als Einführung in eine der aufregendsten Kontroversen der euroamerikanischen Gegenwartsphilosophie lesen.

Im Zentrum von Apels Philosophie steht die Diskursethik. Hier liegt nicht nur die Quelle von Ablehnung und Mißverständnissen, sondern auch die Wurzel der Faszination, die sie beispielsweise auf seinen Freund Jürgen Habermas ausgeübt hat. Apel ist sehr viel weniger in den Medien präsent als Habermas. Er hat auch wesentlich weniger veröffentlicht. Dennoch ist er einer der entscheidenden Stichwortgeber für Habermas' Theorie. Er ist es, der durch konsequentes Weiterdenken und Zusammendenken zentraler philosophischer Grundpositionen, vor allem des amerikanischen Pragmatismus (der sich besonders bei Charles Sanders Peirce seinerseits als Weiterdenken von Immanuel Kant versteht) und der deutschen hermeneutischen Tradition, die Diskursethik entwickelt hat.

Schon daraus wird deutlich, daß es sich bei Apels Philosophie keineswegs um das rein deutsch-idealistische Gewächs handelt, als das sie leider oft mißverstanden und vorschnell abgetan wird. Mit seinem Versuch der reflexiven Letztbegründung von Normen bemüht sich Apel vielmehr, dem Philosophieren in Deutschland die zwingenden Elemente des Argumentierens gegenüber der bloßen Textauslegung zurückzugeben.

Ihrem eigenen Anspruch nach ist die Diskursethik eine emanzipatorische Sozialphilosophie. Alle sozial bedingten Ungleichheiten des zwischenmenschlichen Dialogs sollen beseitigt werden. Sie ist die grundlegende Ethik einer Zeit, in der immer mehr Probleme nicht durch Autorität, Befehl oder Tradition gelöst werden können, sondern der Argumentation bedürfen. Im Englischen bedeutet »argument« immer auch »Streit«. In der politischen Theorie von Aristoteles bis in unser Jahrhundert ist der Parteienstreit etwas Verabscheuungswürdiges. Das Politische soll — ganz gegen die Fakten — Konsens und Harmonie bedeuten. Diese Haltung war sogar in Zeiten vorherrschend, in denen man den militärischen Kampf »Mann gegen Mann« verherrlichte und den olympischen Wettkampf als die großartigste Vorbereitung dazu ansah.

Durch die Massenvernichtungswaffen und einen Bewußtseinswandel, der das Grauen des Krieges in den Vordergrund rückte, sind diese Formen zu kämpfen und zu streiten nachhaltig diskreditiert worden. Der Diskurs dagegen erfreut sich höchster Wertschätzung. Der in den westlichen Gesellschaften eingeübte Parlamentarismus ist durchaus noch eine Mischform, die Diskurse, Wahlentscheidungen und Abstimmungen miteinander verbindet. In keiner Einzelfrage muß ein Konsens erreicht werden — die Mehrheit genügt. Es gibt keine »unendliche Debatte« — nach drei Lesungen wird entschieden. Diese dezisionistischen Elemente der parlamentarischen Diskurse sind, genau genommen, den Entscheidungen eines fürstlichen Souveräns oder eines Diktators noch recht ähnlich. Die Diskursethik nimmt ihren Ausgang freilich von der anderen Seite: von den Argumentationsprozessen selbst, denen gegenüber die letztendliche Abstimmung meist nur als notwendiger Abschluß, als notdürftige Lösung erscheint. Für den Diskursethiker ist deshalb die gegenwärtig recht effizient funktionierende Form repräsentativer Demokratie nicht unbedingt die letzte und beste denkbare Lösung. Hinter seinen Überlegungen steht der Anspruch, das Moment der gleichberechtigten Diskurse gegenüber dem Entscheidungshandeln zu stärken, »harte« Entscheidungen sozusagen in das frei fließende Gespräch aufzulösen.

Apel nennt die von ihm begründete philosophische Richtung *Transzendentalpragmatik*. »Transzendental« heißt in der philosophischen Tradition die Frage nach den Bedingungen der Möglichkeit von etwas. Sie ermöglicht keinen direkten Zugriff, sondern nur ein Herangehen in reflexiver Einstellung. Um solche Fragestellungen überhaupt zu verstehen, muß man sich ein Stück weit an sie gewöhnen.[2] Was dem geschulten Philosophen als eine Selbstverständlichkeit erscheint, ist dem Studienanfänger, philosophischen Laien oder fachfremden Kollegen, oft sogar dem Wissenschaftstheoretiker, ein Buch mit sieben Siegeln. Dies ist übrigens auch eine der Ursachen, weshalb Kant, der diese Art zu fragen begründet hat, vielen Lesern so unverständlich zu schreiben scheint, während er doch in den Augen der Fachleute eine bemerkenswert klare Fachprosa schreibt — von den berühmten und vieldiskutierten »dunklen Stellen« einmal abgesehen.[3]

Bei Apel verhält es sich ähnlich. Er möchte verstanden werden, sogar ein wenig missionieren; er kann aber keine Zugeständnisse an eine vordergründige Verständlichkeit machen, weil das transzendentale Zurücktreten aus den unmittelbaren Wahrnehmungsprozessen gerade den Kern seines Arguments ausmacht. Er will kein Popularphilosoph sein, und ich habe auch nicht die Absicht, ihn zu popularisieren. Er geht mir darum, seine oft über viele Texte verstreuten Gedanken in übersichtlicher und nachprüfbarer Form zu präsentieren. Wer Apel verstehen will, sollte allerdings bereit sein, sich eine philosophische Frage wie die folgende zuzumuten, die auf Geltungsansprüche und ihre Begründung zielt: »Warum gilt überhaupt etwas und nicht vielmehr nichts?«[4]

In seinen Vorträgen pflegt Apel sein Publikum mit Salven von jeweils vier bis fünf unmittelbar aufeinanderfolgenden Fachbegriffen massiv unter Beschuß zu nehmen. Deutsche Konjunktionen ersetzt er dabei, wo immer möglich, durch das lateinische »qua«. Sein Vortragsstil ist aber trotz solcher Eigenheiten außerordentlich lebendig und anregend. Weil er sich bemüht, seine tragenden Begriffe terminologisch durchdacht und exakt zu verwenden, ist seine Sprache, wenn man sich nur die Mühe macht, ihr Satz für Satz, Argumentationsschritt für Argumentationsschritt geduldig zu folgen, sogar bestechend klar. Zumindest, wenn man sich mit dem philosophischen Sprachspiel ein wenig vertraut gemacht hat. Zu Beginn allerdings wirken die Dichte und Konzentriertheit seiner Texte oft eher abschreckend. Es wird deshalb Aufgabe dieser Einführung sein, hier einige Übersetzungs- und Erklärungsarbeit zu leisten.

Wer dann ein Verständnis für die Argumentationsstruktur entwickelt, wird sich sehr bald in dieser präzisen Gebrauchsprosa zurechtfinden können. Anregend und erhellend sind Apels Texte vor allem deshalb, weil sie den Nachvollzug von *Argumenten*, das Miterleben des Hin und her der intellektuellen Debatten ermöglichen. Da Apels Denken ständig die innerphilosophischen Debatten in Richtung auf ethisch-praktische Argumentationen überschreitet, kann man sagen, daß er zwar nach der Schulmethode vorgeht, aber auf den Weltbegriff von Philosophie aus ist.

* * *

Zum Aufbau dieses Bandes: Im ersten Kapitel wird aus dem politischen Kontext der Erschütterung von traditionalen Bindungen im Nachkriegsdeutschland erläutert, woher überhaupt das Bedürfnis nach haltbaren Begründungsansätzen stammt. Das zweite Kapitel erweitert diese Überlegungen unter Rückgriff auf Lawrence Kohlbergs empirisch angelegte Moralphilosophie zu einer weltgeschichtlichen Entwicklungsperspektive. Kapitel 3 entfaltet dann das reflexive Letztbegründungsargument selbst, Kapitel 4 die Diskursethik. Im fünften Kapitel werden zwei Grundbegriffe der derzeitigen philosophischen Debatte dargelegt, nämlich der Fallibilismus und die Konsenstheorie der Wahrheit. Im Kapitel 6 geht es darum, in welchen Punkten Habermas und Apel sich unterscheiden, in welchen sie übereinstimmen. Das siebente Kapitel behandelt Apels Kritik der Postmoderne und deren Gegenkritik. Kapitel 8 schließlich untersucht einige politische und ökonomische Konsequenzen von Apels Philosophie. Die abschließenden, resümierenden Passagen gehören nicht mehr im strengen Sinne zur Darstellung selbst, sondern verstehen sich als Ideenskizze.

Apels öffentliche Wirkung hat erst ab 1973 eingesetzt, als seine Diskurstheorie in ihren Grundzügen schon »fertig« war. Deshalb kann seine Lehre hier als Einheit behandelt werden — eine Unterscheidung wie bei Habermas zwischen den Schriften vor und nach der kommunikationstheoretischen Wende der siebziger Jahre ist bei Apel nicht erforderlich. Eine Einführung muß Schwerpunkte setzen. Apels sehr spezielle und »technische« Arbeiten, etwa zur »Erklären-Verstehen-Kontroverse« und zur »Sprachpragmatik«, werden daher nur als Hintergrundmaterial behandelt.[5]

Diskursives Denken läßt sich am besten im Diskurs erarbeiten. Ohne die intensiven und lehrreichen Diskussionen mit Petra Braitling, Susanne Lang, Dagmar Richter, Karl-Theodor Schuon und Uwe Walter hätte ich zu Apels Denken keinen Zugang gefunden. Ich danke Dieter Wandschneider und Vittorio Hösle, durch deren Brillanz und intellektuelle Energie mir die Faszination des Letztbegründungsarguments aufgegangen ist. Natürlich bin ich in einigen philosophischen Grundfragen zu anderen Überlegungen gekommen als sie. Diese Lebendigkeit der Debatte und ihre Offenheit werden sich in diesem Band, so hoffe ich, positiv bemerkbar machen.

1. Nach 1945: Am Nullpunkt der Moral

1922 geboren, hat Apel »die nationale Katastrophe der Hitlerzeit noch erlebt«.[1] 1940, mit 18 Jahren, hatte er sich mit seiner ganzen Abiturklasse freiwillig zum Kriegsdienst gemeldet. Nach der Niederlage 1945 stellte sich bei ihm das »zunächst noch dumpfe Gefühl« ein, daß »›alles falsch war‹, für das wir uns eingesetzt hatten«.[2] Dieses Grundgefühl dürfte die wohl wichtigste Wurzel seiner Suche nach wirklichen, haltbaren, nicht bloß geglaubten Begründungen sein.

Der biographische Ausgangspunkt von Apels Denkweg ist unübersehbar. Es handelt sich allerdings um kein individuelles Problem, auch nicht um das einer Generation, sondern um eine grundsätzliche Schwierigkeit. Die Erschütterung traditioneller Gewißheiten ist eine Grunderfahrung der Moderne, nicht nur in Deutschland. Mit den Industrialisierungs- und Modernisierungsprozessen sind rund um den Erdball die traditionellen Gewißheiten, Gesellschaftsstrukturen und religiösen Bindungen in Frage gestellt worden. Die Suche nach Halt, in religiösen Fundamentalismen, faschistischen und anderen Ideologien, war nur der Versuch einer Antwort, die an der alles durchdringenden Intensität der Modernisierungsprozesse scheiterte. Die neuen, künstlichen Bindungen waren sogar in besonderer Weise bedrohlich. Die Erfahrung der kommunistischen »Ketzer« von Arthur Koestler bis Milovan Djilas und die Desillusionierung einst gläubiger Stalinisten dürften übrigens ähnliche Ursachen und einen ähnlichen Stellenwert wie die von Apel beschriebenen psychischen Prozesse haben.[3] Im Grunde steht hinter allen diesen Prozessen der moderne Verlust von Glaubensgewißheiten, die Säkularisierung, die Max Weber so überzeugend beschrieben hat. Die Erfahrung der deutschen Kriegsgeneration war nur eine besonders intensive Form dieses Schockerlebnisses.

Ein Lösungsversuch wie der von Richard Rorty, der den Halt nicht in begründenden Theorien, sondern in der demokratischen Tradition der USA sucht, konnte für diese Generation nicht in Frage kommen, hatte sie doch gerade die Fragwürdigkeit der eigenen Tradition erlebt. Um aber eine andere, eine fremde Tradition zu wählen, bedurfte es einer Begründung. Wenn man innerhalb der eigenen, deutschen Geschichte an demokratische Bewegungen und Revolutionsansätze anknüpfen wollte, mußte man eine begründete Wahl treffen, was wiederum ohne ein Konzept, das seinerseits nicht durch die Tradition fundiert, sondern auf andere Weise begründet werden mußte, undenkbar war. In Deutschland gab es nach 1945, nach Auschwitz, anders als bei den westlichen Siegern, keine »Normalität« mehr, zu der man einfach zurückkehren konnte. Ein eigener Ansatz mußte gefunden werden. Dafür war eine ganze Reihe von Grundsatzentscheidungen zu treffen. Aufgabe der Philosophie ist es nach Apels Ansicht, auf solche Debatten Einfluß zu nehmen, Kriterien bereitzustellen zur Unterscheidung zwischen begründeten Argumenten und bloßer Demagogie.

Nun hätte man sich natürlich ein neu-traditionalistisches Argument ausdenken können, nach dem das nationalsozialistische Deutschland einen »Sonderweg« genommen habe, also von der »normalen« Entwicklung der westlichen Demokratien abgewichen sei. Nach 1945 sei aber zunächst der Westteil in diese Normalität zurückgekehrt und habe sich dem westlichen Traditionszusammenhang eingegliedert. Diese These war in der Tat unter Historikern eine Zeitlang recht attraktiv.[4] Philosophisch allerdings war sie von vornherein unbefriedigend, denn die Unterscheidung zwischen Abweichung und Normalität muß ja nach sinnvollen Kriterien getroffen werden können. Deshalb stand Apel der damaligen »re-education«, der Rückbindung an die angloamerikanische Demokratie, eher skeptisch gegenüber.

Die Problemsituation ist damit gekennzeichnet. Die Erschütterung der bisherigen Gewißheiten war ein moralisches Nullpunkterlebnis für Apel — vergleichbar dem fundamentalen Zweifel des Descartes, in dem sich der biographische Umschlagpunkt und der Versuch, von diesem Punkt aus eine Neubegründung des philosophischen Denkens aufzubauen, ebenfalls verschränkt haben. Zunächst allerdings folgte — in Apels Biographie wie im Denken vieler westdeutscher Akademiker — eine eher »unpolitische« Phase. Die damals so genannte Existenzphilosophie, ein Amalgam aus Ideen von Kierkegaard, Jaspers, Heidegger, auch Sartre, Camus und einigen französischen Dramatikern wie Anouilh, Giraudoux und Jean Cocteau, hatte eher retardierende, entpolitisierende Konsequenzen für das historische wie philosophische Denken. »Sie bestand nämlich für mich und — wie ich meine — für viele meiner Generation darin, daß sie eine gewisse trotzige Indifferenz gegenüber den politisch-historischen Schatten der jüngsten Vergangenheit nahelegte: Es kam ja — so schien es — gar nicht darauf an, für *was* man sich eingesetzt hatte, sondern *wie* man es getan hatte, ob man ›eigentlich‹ oder ›uneigentlich‹ war. Dies erschien als die Lehre der gesamten Existenzphilosophie.«[5]

Wenn man heute die – hochpolitischen – Texte von Jaspers oder Sartre liest, kann man nur staunen, wie es zu dieser damals in der Tat verbreiteten Deutung kam. Die überzeugendste Erklärung ist gewiß, daß diese Lesart einem Bedürfnis nach Freisprechung von Schuld entgegenkam. Die »Entschlossenheit« für die falsche Sache war »Seinsgeschick«, das man nicht verantworten mußte, wenn man dabei nur »anständig« geblieben war. Was Apel hier in wenigen Sätzen als Etappe seiner eigenen biographischen Entwicklung charakterisiert, hat Theodor W. Adorno sehr viel schärfer in dem zwischen 1962 und 1964 geschriebenen *Jargon der Eigentlichkeit*[6] an Beispielen aus der damaligen deutschen Ideologie zerpflückt.

Erst in den sechziger Jahren begann für Apel eine intensive Auseinandersetzung mit politischer Philosophie, konkret gesagt, mit dem jungen Marx, dem westlichen Neomarxismus, der Studentenbewegung und der »kritischen Theorie« Max Horkheimers und Th. W. Adornos. Es war vor allem sein ehemaliger Bonner Studienkollege Jürgen Habermas, der Apel durch seine spezifische Interpretation des Neomarxismus beeinflußte. Habermas hatte schon 1957 in einem Doppelheft der *Philosophischen Rundschau* einen »Literaturbericht zur philosophischen Diskussion um Marx und den Marxismus«[7] veröffentlicht, der weitreichende Wirkungen hatte und z. B. auch den jungen Rudi Dutschke beeinflußte. Der Habermas-Marxismus beruhte damals wie heute auf einer von der hermeneutischen Verstehenslehre her begründeten Ablehnung des wissenschaftlich-reduktionistischen Anspruchs marxistischen Denkens und einem Herangehen, das den an Hegel anknüpfenden

Geschichtsglauben durch regulative Ideen im Sinne von Kant zu ersetzen suchte.

Die späten sechziger Jahre versteht Apel geradezu als »politisch-emanzipatorische Erweckungszeit«.[8] Allerdings stand er der Studentenbewegung von 1968 nie unkritisch gegenüber. Er hat damals eine bedenkliche Verkennung liberal-demokratischen und rechtsstaatlichen Denkens bemängelt sowie jenen utopischen Überschwang, der zeitweise die Gefahr des Realitätsverlustes heraufbeschwor. »Wichtiger scheint mir jedoch, daß damals trotz allem ein notwendiger, d. h. ein für die Nachkriegsgeneration überfälliger Durchbruch zur öffentlichen Diskussion der politischen Situation [...] erzwungen wurde. Seitdem gibt es in Westdeutschland ein politisch-philosophisches Bewußtsein im Sinne einer ›räsonnierenden Öffentlichkeit‹ (Kant).«[9] Von hier aus, von den überall sich entwickelnden Diskussionen her, versucht Apel seine »Transformation der Philosophie«: Er will von der traditionellen Philosophie des Einzelbewußtseins und des Subjekts zu einer *Philosophie der intersubjektiven Verständigung* gelangen.

Die entscheidende Anregung zu dieser Philosophie des Intersubjektiven entnimmt er dem Denken von Charles Sanders Peirce (1839-1914). Peirce, »der Kant der amerikanischen Philosophie, wie man heute wohl sagen darf«[10], ist der Begründer des Pragmatismus. Diesen Begriff hat Peirce zuerst 1871 für sein Denken gebraucht — in Anlehnung an Kants »Anthropologie in pragmatischer Hinsicht«.[11] Peirce ist der einzige Philosoph, den Apel fast nur zustimmend zitiert. Voraussetzung der Erkenntnis ist nach Peirce nicht mehr das reine Bewußtsein, das den Dingen gegenübertritt, sondern vielmehr die reale Praxis einer tendenziell unbegrenzten Experimentier- und Interpretationsgemeinschaft

der Forscher. Diese »indefinite community« ist eine Verkörperung der Vernunft selbst, und zwar nicht als
»Bewußtsein überhaupt«, als eine Art »Geisterreich«, sondern als eine »– wie immer unendliche – Gemeinschaft
von Wesen, die irgendwelche Sinne besitzen und in Zeichen kommunizieren können.«[12] Traditionell fragt die
Transzendentalphilosophie nach den Bedingungen der
Möglichkeit von Erkenntnis und findet diese in den Kate-
gorien, mit denen wir die Weltwahrnehmung für unser
Bewußtsein ordnen. Apel nun führt in die »transzendentalen« Voraussetzungen reale, pragmatische Größen ein,
nämlich die Sinne, die Zeichen und die Wissenschaftlerge-
meinschaft selbst.[13] Um das Zusammenkommen des Transzendentalen und des Empirischen zu kennzeichnen, nennt
Apel seine eigene Lehre deshalb auch *Transzendentalpragmatik*. Theoretischer Sinn wird durch reale Praxis vermittelt – das ist ein Erkenntnisgewinn des 19. Jahrhunderts
gegenüber der »reinen« Transzendentalphilosophie Kants.

Peirces Rede von der Interpretationsgemeinschaft, sein
»logischer Sozialismus«[14], gibt den Ansatz zu einer neuen
Grundlegung der verstehenden Geisteswissenschaften als
Verständigungswissenschaften. Die Voraussetzung allen
Erkennens (und damit auch des Wahrheitsbegriffs) ist die
menschliche Kommunikationsgemeinschaft. Ziel ist immer
der Konsens hinsichtlich der Sinninterpretation.[15] Damit
ist die Zeit der »Ein-Mann-Weltanschauungen«[16] großer
Denker vorbei. Apel möchte die Zeiten überwinden, in
denen Philosophie noch unangefochten personalistisch
auftrat, als sie im Kern nicht Wissenschaft war, sondern an
die Person des philosophischen Lehrers gebunden blieb.
Sie trat mit großem rhetorischem Gestus auf, der in
Deutschland bis in die Nachkriegszeit eine entscheidende

Funktion behalten hat[17], wenn man sich die Auftritte etwa von Heidegger, Jaspers, Gehlen, Bloch oder Adorno ins Gedächtnis ruft.

Die Idee der unbegrenzten Interpretationsgemeinschaft hat ihre Wurzeln demgegenüber in zwei antiken Motiven: zum einen in der sokratischen Idee des Dialogs, der die philosophische Vernunft praktisch realisiert; zum anderen in der christlichen Idee der Gemeinde.[18] Wie so oft in der Philosophie wird hier ein religiöses Motiv säkularisiert, indem es auf seinen rationalen Kern zurückgeführt wird.

2. Konventionelle und postkonventionelle Moral

Lawrence Kohlbergs Stufen der moralischen Urteilskompetenz

Die wichtigste empirisch arbeitende, aber philosophisch fundierte Moraltheorie der Gegenwart ist die von Lawrence Kohlberg (1927-1984). Sie ist sowohl für Jürgen Habermas als auch für Apel außerordentlich wichtig geworden, weil hier schon vom Ansatz her Empirie und Theorie aufeinander bezogen sind. Man muß diese Theorie in ihren Absichten und Grundzügen verstanden haben, um die Hintergründe des für Apel so zentralen Begriffs der »postkonventionellen Moral« sowie seine Überlegungen zur »Moralkrise auf der Stufe 4 1/2« erfassen und beurteilen zu können.

Kohlbergs Synthese von Moralphilosophie und Moralpsychologie, seine Zusammenführung von Kant und John Rawls mit Jean Piaget, ist eines der ehrgeizigsten Forschungsprojekte in den gegenwärtigen Sozialwissenschaften. Kohlbergs Modell ist universalistisch, d.h. es beansprucht, jenseits der Kulturen und Nationen als Raster für die Rekonstruktion der moralischen Entwicklung gelten zu können. Es soll sowohl für die Ontogenese, also die Entwicklung des einzelmenschlichen moralischen Bewußtseins, als auch für die Phylogenese, d.h. die moralische Entwicklung der Menschen überhaupt Gültigkeit besitzen.

Mit den ersten Formulierungen seiner Theorie hatte Kohlberg noch einige Mißverständnisse provoziert. Es schien so, als wolle er aus der empirischen Erforschung der Moral, wie sie ist, auch ihre Verbindlichkeit ableiten. Diesen Schluß vom Sein auf das Sollen, der »naturalistische Fehlschluß«, wie er in der Philosophie heißt, haben Kohlberg und seine Schüler in den letzten verbindlichen Formulierungen der Theorie penibel zu vermeiden versucht. In dem Band *Moral Stages: A Current Formulation and a Response to Critics*[1] haben Kohlberg, Charles Levine und Alexandra Hewer 1983 die Annahmen aufgelistet, die schon *vor* der empirischen Forschung gemacht werden müssen bzw. die in ihr impliziert sind. Unter anderen sind das:

— der *Universalismus*, der einen Wertrelativismus ausschließt und annimmt, daß vergleichbare Moralstandards in jeder Kultur bzw. Subkultur gefunden werden können;

— Der *Präskriptivismus*, der moralische Äußerungen nicht als faktische Urteile und Aussagen über Verhaltensweisen ansieht, sondern als Forderungen, etwas tun zu *sollen*;

— ein *Kognitivismus* oder *Rationalismus*, der meint, daß moralische Urteile nicht auf reine Gefühlsäußerungen reduzierbar sind, sondern vielmehr vernünftige Überlegungen beinhalten;

— der *Formalismus*, der meint, daß über formale Eigenschaften moralischer Urteile auch und gerade dann Übereinstimmung erzielt werden kann, wenn über substantielle Fragen Uneinigkeit besteht;

— ein Konstruktivismus, der moralische Prinzipien als *Konstruktionen* ansieht, die im menschlichen Handeln hervorgebracht werden.

Schließlich sind alle moralischen Fragen solche der *Gerechtigkeit*. Sie haben die Funktion, zwischenmenschliche oder soziale Konflikte zu lösen. Solche Konflikte sind immer »claims of rights«: es werden Rechte beansprucht. Deshalb enthalten moralische Prinzipien und Urteile immer ein Moment des Gleichgewichts, der Balance oder Reversibilität von Ansprüchen.

Da diese hier aufgelisteten meta-ethischen Grundannahmen keineswegs unbestritten sind, betonen Kohlberg und seine Schüler, daß sie immerhin zu empirischen Funden geführt haben, die ihren fortgesetzten Gebrauch rechtfertigen.[2] Offenbar müssen Kohlbergs eigene normativ-ethische Ansprüche nicht unbedingt von anderen Psychologen geteilt werden, die im Rahmen seiner kognitiv-strukturellen Methode Forschungsarbeiten durchführen. Es kommt lediglich darauf an, daß sie Kohlbergs Stufentheorie als Versuch einer rationalen Rekonstruktion der Entstehung von Gerechtigkeitsdenken im Individuum verstehen und zur Orientierung benutzen können.

Nun gilt es freilich zu erläutern, wie dieses Stufenkonzept genau aussieht. Es handelt sich um sechs Stufen, die man als Idealtypen im Sinne Max Webers auffassen kann, d.h. als Orientierung für die Forschung. Die sechs Stufen sind auf drei Ebenen angesiedelt, nämlich der präkonventionellen, der konventionellen und der postkonventionellen Ebene. In der Darstellung folge ich Kohlbergs *Philosophy of Moral Development* (1971).[3]

A. *Präkonventionelle Ebene*
Auf dieser Ebene ist ein Kind fähig, die kulturellen Regeln einzuhalten, aber nur deshalb, weil es Strafen vermeiden und Belohnungen erlangen will.

Stufe 1 (Straf- und Gehorsamsorientierung)
Die physischen Konsequenzen einer Handlung bestimmen, ob diese Handlung als gut oder böse angesehen wird. Strafvermeidung und fraglose Machtunterwerfung werden als eigene Werte angesehen.

Stufe 2 (Instrumentelle relativistische Orientierung)
Richtiges Handeln ist das, was die eigenen Bedürfnisse befriedigt — von Fall zu Fall auch die anderer. Menschliche Beziehungen werden nach einem Marktmodell wahrgenommen. Elemente wie Fairness, Gegenseitigkeit und gleicher Anteil sind vorhanden, aber sie werden immer in einer sehr physischen, pragmatischen Weise interpretiert. Reziprozität heißt hier: »You scratch my back und I'll scratch yours« — im Anschluß an das lateinische »do ut des«: ich tue dir einen Gefallen, damit du mir einen tust.

B. *Konventionelle Ebene*
Auf dieser Ebene hält man sich an die Erwartungen der eigenen Familie, Gruppe oder Nation — unabhängig von den unmittelbaren und offensichtlichen Konsequenzen. Es handelt sich um Loyalität, aktive Unterstützung und Rechtfertigung einer sozialen Ordnung, mit der man sich identifiziert.

Stufe 3 (Stufe der gegenseitigen Erwartungen,
Beziehungen, der Konformität)
Übereinstimmungen zwischen Personen (Good Boy, Nice Girl). Gutes Benehmen gefällt oder hilft anderen und wird von ihnen geschätzt. Typisch für diese Stufe sind stereotype Bilder von »natürlichem« und mehrheitlichem Benehmen. Häufig wird das Verhalten nach der Intention des Handelnden beurteilt; »er meint es gut« wird auf dieser Stufe zum ersten Mal wichtig. Zustimmung bekommt, wer »nett« ist.

Stufe 4 (Stufe des sozialen Systems und der Orientierung an seinen Erwartungen)

Hier richtet man sich nach Autoritäten, festen Regeln und bemüht sich um die Aufrechterhaltung der sozialen Ordnung. Richtiges Verhalten heißt, seine Pflicht zu tun, der Autorität gegenüber Respekt zu zeigen und die gegebene soziale Ordnung um ihrer selbst willen zu erhalten.

Auf dieser Stufe befindet sich nach Kohlbergs jüngeren Schätzungen der größte Teil der Erwachsenen in den USA, aber auch in den übrigen westlichen Industriestaaten.[4] Apel verweist darauf, daß diese Stufe auch die Grundlage der Pflichtmoral der preußischen Beamten war. Die Errungenschaft war die Durchsetzung des Rechtsstaates gegen Korruption. Die Grenze: ein Widerstand, etwa gegen Hitler, läßt sich auf dieser Bewußtseinsstufe nicht rechtfertigen. Dietrich Bonhoeffers Widerstandsethik und die »Zivilcourage« gewinnen erst mit den Begriffen der postkonventionellen Stufen 5 und 6 Plausibilität.

Die transitorische Zwischenstufe »4 1/2« (oder B/C)

Diese Ebene ist postkonventionell, aber noch nicht mit Prinzipien ausgestattet. Die Entscheidungen sind persönlich und subjektiv. Sie basieren auf Gefühlen. Das Gewissen wird als willkürlich und relativ angesehen — nicht anders als Ideen von »Pflicht« oder »moralisch richtig«. Die Perspektive, die das Individuum auf dieser Ebene einnimmt, ist die des Außenseiters der Gesellschaft, der individuelle Entscheidungen ohne Bindungen oder Vertrag mit ihr trifft. Man kann Verpflichtungen herausgreifen und wählen, aber man hat keine Prinzipien für eine derartige Wahl. (Sartres Existentialismus dürfte eine gute Illustration für diese krisenhafte Ebene sein.)

C. Postkonventionelle, autonome oder prinzipienorientierte Ebene

Auf dieser Ebene gibt es eine klare Anstrengung, moralische Werte oder Prinzipien zu definieren, die jenseits der Gruppenorientierung und auch jenseits der eigenen individuellen Bedürfnisse haltbar und anwendbar sind. Hier wird erstmals die Perspektive der Gesetzgebung eingenommen.[5]

Stufe 5 (Orientierung am Sozialvertrag)

Richtiges Handeln wird definiert in Begriffen allgemeiner Rechte des Individuums und in Standards, die von der gesamten Gesellschaft kritisch geprüft und akzeptiert worden sind. Die Relativität persönlicher Werte und Meinungen wird sehr deutlich wahrgenommen. Dem entspricht eine Betonung der Verfahrensregeln, um Übereinstimmungen zu erreichen. Das, was formal und gesetzlich gilt, wird eingehalten, allerdings im Bewußtsein, daß Gesetze nach rationaler Überprüfung geändert werden können und sollen (statt sie auf der Stufe 4 von »law and order« einzufrieren). Außerhalb des rechtlichen Bereichs sind freie Absprachen und Verträge die bindenden Elemente der sozialen Verpflichtung. Dies ist die »offizielle« Moral der amerikanischen Regierung und der Verfassung.

Stufe 6 (Orientierung an universalen ethischen Prinzipien)

Das Richtige wird definiert als Gewissensentscheidung in Übereinstimmung mit selbstgewählten Prinzipien. Diese Prinzipien richten sich nach logischer Richtigkeit, Universalität und Konsistenz. Sie sind abstrakt, wie z. B. die »Goldene Regel« oder der »kategorische Imperativ«, es sind also keine konkreten Regeln wie z. B. die zehn Gebote.

Habermas hat zusätzlich eine Stufe 7 vorgeschlagen, in der nicht nur universalistische Pflichten gelten, sondern auch in der konkreten Kommunikation mit allen Mitgliedern der fiktiven Weltgesellschaft ermittelte universalistische Bedürfnisinterpretationen.[6] Kohlberg hat in seiner Antwort auf Habermas diese siebte Stufe für unnötig erklärt, weil all dies in Stufe 6 enthalten sei. Habermas war zu seinem Vorschlag vor allem deshalb gekommen, weil er die Moralerziehung auf Stufe 6 als »monologisch« mißverstanden hat und sein »dialogisches« Prinzip zusätzlich zur Geltung bringen wollte.

Kohlberg seinerseits hat aber auch über die Möglichkeit einer ganz anders gearteten siebenten Stufe nachgedacht. Bei ihm wäre sie die Stufe der religiös-metaphysischen Fundierung von Moral. Jede der sechs Moralstufen ist nach Kohlberg verknüpft mit entsprechenden Stufen religiös-metaphysischer Weltanschauungen. Diese Weltanschauungen müßten auf der postkonventionellen Ebene natürlich ganz anders aussehen als die gebietenden Götter der konventionellen Moral. Sie hätten jedoch eine wichtige Funktion, nämlich die Beantwortung der Frage: »Warum überhaupt moralisch sein?« Für diese Stufe heißen die Gewährsleute John Dewey, Spinoza und Teilhard de Chardin, nicht mehr John Rawls und Immanuel Kant. Die Theorien auf dieser Ebene sind spekulativ, weniger rigoros und außerordentlich vielfältig. Die Bindekraft ist wesentlich geringer als bei den traditionellen Religionen und Moraltheorien. Deshalb grenzt Kohlberg Stufe 7, die er »soft« nennt, gegenüber den »harten«, wissenschaftlich als Leitfaden der empirischen Forschung dienenden Stufen 1-6 ab. In die für Forschungszwecke bestimmten Formulierungen wird die siebente Stufe daher auch nicht aufgenommen. Die spekulative Meta-Ethik hat keinen wirklich verpflichtenden Charakter, ist aber in Kohlbergs Sicht keineswegs bedeutungslose Metaphysik (wie die Positivisten meinen), sondern essentiell für das Verständnis des menschlichen Verhaltens.

Apel folgt Kohlbergs Stufenmodell weitgehend. »Stufe 7« allerdings mußte seine spekulative Kompetenz herausfordern. Genauer gesagt, Apels Begabung, spekulative Fragen auf ihren argumentativ einlösbaren »harten« Kern zurückzuführen. Er nimmt eine scharfe Trennung vor zwischen der theoretisch-argumentativen Beantwortung der Frage »Warum moralisch sein?« und der praktischen Motivation, sich nach dieser Einsicht nun auch wirklich moralisch zu verhalten. Nur diese, die existentielle Frage, ist »auf eine im weitesten Sinne religiöse oder metaphysische Antwort angewiesen«[7], nicht aber die meta-ethische Frage. Mit Apels Letztbegründungsansatz (vgl. dazu das folgende Kapitel) läßt sich nämlich sehr wohl die Notwendigkeit moralischen Handelns begründen; mit Argumenten aber kann man niemandem »guten Willen« verordnen, »d. h. ihn gewissermaßen definitiv dazu zwingen, die kognitive Einsicht in die moralische Pflicht in einen entsprechenden Willensentschluß zum Handeln umzusetzen.«[8] Dieses Problem ist so gesehen gar keins der rationalen Letztbegründung. Auch wenn die Letztbegründung moralischer Regeln gelingt, würden sie damit ja nicht automatisch eingehalten. Das existentielle Problem, danach auch zu handeln, bleibt selbst dann bestehen, wenn jemand eine rationale Einsicht in ihre Gründe gewonnen hat.[9]

Das heißt allerdings nicht, daß rationale Begründungen überflüssig sind. Sie können durchaus ein wichtiges Motiv für die Entscheidung zum moralischen Handeln[10] bilden. Oder andersherum ausgedrückt: Wer in einer postkonventionellen Welt keine Begründungen für moralisches Handeln mehr zu finden vermag, der wird im Zweifelsfall auch eher zu amoralischen Verhaltensweisen neigen. Das ist das Problem der »Stufe 4 1/2«. Die traditionellen Gründe sind durchschaut und werden nicht mehr akzeptiert. Neue Verpflichtungen allerdings haben sich noch nicht etabliert. Sie können ja nicht in neuen Traditionen ruhen, die ihrerseits sehr bald einer wachen intellektuellen Kritik zum Opfer fallen würden. Sie müssen vielmehr von den Individuen her als eigene Prinzipien mit genügend großen Verhaltensspielräumen gegenüber den sich beschleunigenden sozialen Prozessen entwickelt und immer wieder neu bedacht und umgesetzt werden. Konservative Moraltheoretiker wie Arnold Gehlen haben deshalb stets vor der »Überforderung« gewarnt, die diese Anstrengung darstellt, und vorgeschlagen, die Institutionen der Gesellschaften sollten die Individuen vom ständigen Beantwortungs- und Rechtfertigungszwang gegenüber solchen Fragen »entlasten«. Apel ist — nicht nur in dieser Frage — ein entschlossener Aufklärer, der den Individuen hier nichts ersparen will.

Einfache Prinzipien können nicht funktionieren. Man könnte ja nach den Regeln der Diskursethik (und nach Kohlbergs Forderung der Reziprozität, des »role taking of the other«) eine Art neuen kategorischen Imperativ aufstellen, der etwa so lauten würde: »Handle so, als ob du Mitglied einer idealen Kommunikationsgemeinschaft wärst!«[11] Diese Formel in einer Welt anzuwenden, die dem Ideal nicht entspricht, »wäre nicht nur naiv, sondern *moralisch unverantwortlich*.«[12]

Kohlberg hatte anfangs geschätzt, daß in einer Gesellschaft wie den USA nur ca. 5 Prozent der Erwachsenen die postkonventionelle Stufe 6 der moralischen Urteilskompetenz erreichen.[13] Seine Langzeitforschungen in den USA, in Israel und der Türkei haben sogar ergeben, daß sich im Grunde keine einzige Person aus den Beobachtungsgruppen fand, die dauerhaft auf Stufe 6 geurteilt hätte.[14] Damit ist unklar, ob diese Stufe im wirklichen Leben überhaupt existent ist. Kohlberg hält dennoch an ihr fest, weil man, wenn man von moralischer Entwicklung spricht, eine Zielrichtung angeben muß.[15]

Daraus folgt aber, daß man sich in seinem Alltagshandeln, z.B. als Mitglied eines Selbstbehauptungssystems, nie so verhalten darf, als ob die anderen ihr moralisches Verhalten nach Stufe 6 ausrichten würden. Man muß, das postuliert Apel mit Max Weber, *verantwortungsethisch* handeln. Man darf nicht die reine Gesinnung in die Tat umzusetzen versuchen, sondern muß die Zusammenhänge und Folgen mitbedenken. Insbesondere in den internationalen Beziehungen, jenem »Residualbereich des vorrechtlichen ›Naturzustands‹«[16] sind die Anforderungen an die eigene Urteilskompetenz außerordentlich hoch. Ethische Rationalität (z.B. das Verbot, zu lügen) und die Rationalität des eigenen Selbstbehauptungssystems müssen hier zusammengebracht werden. Amoralische Prinzipienlosigkeit, ein Talleyrandscher Zynismus ist in diesen komplexen Zusammenhängen keine tragfähige Haltung. Apel schlägt vor, daß Politiker sich hier − durchaus mit strategischen Mitteln − an die regulative Idee halten sollen, ihre Handlungen danach auszurichten, ob sie langfristig der schrittweisen Realisierung solcher Verhältnisse dienen, »die eine Ablösung der reinen strategischen Konfliktregelung erlauben.«[17] D.h., sie sollen versuchen, langfristig die Anwendungsbedingungen für die Stufe 6 zu schaffen. Die Kompetenz eines verantwortlichen Politikers, dies zu erwägen und zu realisieren, könnte man (und das ist Apels Vorschlag) als eine Art Kompetenz auf der siebten Stufe ansehen. Trotz der symbolischen Zahl 7 käme dann keine religiöse, metaphysische oder mystische Kompetenz zum Tragen, sondern das verantwortungsethische Bewußtsein für Wirkungen und Nebenwirkungen der menschlichen Kollektivhandlungen.[18] Es soll allerdings nochmals betont werden, daß diese Rede metaphorisch zu verstehen ist, nicht im »harten« Sinne der empirischen Psychologie, deren Stufe 6 dadurch keineswegs überboten werden soll. Die Bindung an universale ethische Prinzipien ist wohl auch nicht überschreitbar.

Apel sieht das sehr wohl[19]; er sieht aber auch, daß derjenige, der die Stufe 6 mit Mitteln des strategischen Handelns, eventuell gar durch Lügen, Tricks und dergleichen herbeiführen will, nicht selbst auf dieser Stufe handelt. In Kohlbergs Modell wäre das nicht die magische Stufe 7, sondern eher die unsichere, gefährliche Stufe 4 1/2, die im Bereich der persönlichen Entwicklung mit der Krise des Erwachsenwerdens, in der gesellschaftlichen Entwicklung als Phase des Übergangs erlebt wird, in der charismatische Führerpersönlichkeiten aufzutreten pflegen.

Hier liegt zweifellos ein Problem. Apel sieht sehr realistisch, daß die hohen Anforderungen einer Diskursmoral nur dann verbindlich sein können, wenn die Gesellschaft selbst auch diskursiv organisiert ist. Solange sie das (noch) nicht ist, kann und sollte dieser Zustand notfalls auch mit nicht-diskursiven Mitteln herbeigeführt werden. Das klingt nicht ganz ungefährlich. Apel warnt in diesem Zusammenhang deshalb auch vor der »berüchtigten Formel«: »Der Zweck heiligt die Mittel.«[20] Er hält es für eine der wichtigsten Aufgaben der Ethik, das menschliche Verhalten gerade im Prozeß der fortschreitenden Verwirklichung der unbegrenzten Kommunikationsgemeinschaft wiederum Regeln zu unterwerfen, nämlich einem *Ergänzungsprinzip*, das den Spielraum der Mittel begrenzt. So kann es z. B. nicht erlaubt sein, zum Zweck der Realisierung idealer Diskursbedingungen die schon bestehenden Diskursformen, z. B. die im Parlament und der demokratischen Staatsform enthaltenen, zu gefährden. »Die Beweislast für riskante Reformen oder gar intentionale Revolutionen würde hier in der Tat auf seiten der Neuerer liegen.«[21] Ein linker Antiparlamentarismus, wie er zeitweise in der außerparlamentarischen Opposition von 1967/68 vertreten wurde, ist aus dieser Perspektive als unzulässiges Abrücken von einem schon erreichten Stand der Diskursivität abzulehnen.

Die Weltkrise der Moral auf Stufe 4 1/2

Die Stufe 4 ist in Kohlbergs Konzeption die höchste Stufe der konventionellen Moral. Wir leben allerdings in der weltgeschichtlichen Phase des Übergangs zur postkonventionellen Moral, zu den Stufen 5 und 6. Dieser Übergang wird von Apel auch als eine Art von »Adoleszenzkrise der Menschheit«[22] beschrieben, die zu krisenhaften Erscheinungen führt. Übertragen auf die Stufen der Moral ist dies ein Sich-Verirren auf Stufe 4 1/2, eine Blockierung des Übergangs.[23]

Apel unternimmt den interessanten Versuch, die moralische Katastrophe des Nationalsozialismus als eine Krise des gescheiterten Übergangs zu interpretieren. Die konventionelle Moral ist intellektuell in Frage gestellt und erschüttert. Nietzsches Moralkritik, z. B. in *Jenseits von Gut und*

Böse und *Zur Genealogie der Moral* ist das herausragende Beispiel dafür. Moral wird bei Nietzsche extern, d. h. aus vernunftfremden Motiven erklärt. Das menschliche Gewissen wird bei ihm zur Krankheit, die den Willen zur Macht befallen hat.[24]

Gewiß sind Nietzsches Einsichten in den Naturmechanismus und die Entstehung des Gewissens oft brillant. Zu bestreiten ist Nietzsches maßloser Anspruch, damit auch die Geltungsansprüche von Moral vollkommen entlarvt zu haben.[25] Ganz anders verhält es sich mit Heideggers Philosophie. In ihr gab es »niemals eine Instanz der rationalen Begründung eines universalgültigen normativen Prinzips, das ihn vor der totalen Auslieferung an den Kairos – und d. h. 1933 an den ›Führer‹ – hätte bewahren können.«[26] Kairos ist der griechische Gott des günstigen Augenblicks. In der Existenzphilosophie ist dieser Begriff wichtig als Bezeichnung für den Augenblick der wichtigen Entscheidung, die Schicksalsstunde. Diese Art philosophischen Denkens trug nach Apels Ansicht zur Paralysierung des ethischen Prinzipienbewußtseins speziell in Deutschland bei. Zusammen mit einer Haltung, die die Niederlage im Ersten Weltkrieg und die damit verbundenen Gebietsabtretungen als Desorientierung, Schmach und Schande empfand und durch einen übersteigerten Nationalismus kompensierte, sowie dem üblichen Opportunismus trägt die Existenzphilosophie die Schuld am Versagen der »intellektuellen Elite« im Dritten Reich.[27]

Hitler und die Nazis sind in Apels Sicht Zerstörer der konventionellen Moral, gegen die sie etwa vom Standpunkt ihres pseudowissenschaftlichen Rassismus scheinaufklärerische Angriffe vortrugen. Andererseits haben sie gerade konventionelle Tugenden wie Pflichtgefühl, Gemeinschaftsgefühl, Mut und Folgebereitschaft ohne große Umstellungen in ihren Dienst nehmen können. Ihre Ideologie ist ein typisches Krisenkonzept. Im diagnostischen Kern, wenn auch nicht in den Folgerungen nahe an Adornos und Horkheimers *Dialektik der Aufklärung,* bemerkt Apel bei einer Reihe von protofaschistischen Autoren (Nietzsche, Heidegger, Pareto, Georges Sorel) die Verkörperung einer »Krisenstufe der modernen Aufklärung.«[28] Alle diese Autoren »durchschauen« etwas und liefern gleichzeitig die neuen Mythen, die Elemente der Gegenaufklärung.

Wirklich gefährlich werden solche Krisenerscheinungen des Denkens dort, wo sie — wie in Deutschland nach 1918 — auf eine gesellschaftlich, institutionell und wirtschaftlich explosive Situation stoßen. In Deutschland hatte die Nation »nicht die als Kompromiß bewährte Balance der westlichen Demokratien zwischen postkonventionell-universalistischen und nationalistischen Elementen des bürgerlichen Bewußtseins erreicht.«[29] Der schwache Impuls universalistischer Aufklärungstradition wurde sozusagen von der massiven Welle einer sich überlegen fühlenden, scheinbar alles durchschauenden Intellektualität überspült. Hinzu kamen die nationale Frustration und der Wirtschaftszusammenbruch von 1929. Gewiß spricht einiges dagegen, daß diese prekäre Mischung der Endphase der Weimarer Republik noch ein zweites Mal zustandekommen könnte. Ausgeschlossen ist das freilich nicht, weil der Übergang zur postkonventionellen Moral überall auf der Welt bei zunehmender Kommunikation und abstrakter werdenden Austauschverhältnissen immer nötiger wird, sich jedoch noch nirgendwo wirklich nachhaltig und erfolgreich vollzogen hat.

In der präfaschistischen Phase gab es das »gefährliche Denken« in der Philosophie vor allem in Deutschland. Heute hat es weltweite Verbreitung erlangt.[30] Viele Erscheinungen in Deutschland vor 1945 lassen sich als Reaktionen gegen zivilisatorische, westlich-universalistische Zumutungen interpretieren. Heute sind vergleichbare Abwehrhaltungen in außereuropäischen Kulturen anzutreffen, etwa bei fundamentalistischen Strömungen im Islam und bei diversen antidemokratischen Bewegungen in Afrika und Lateinamerika. Angesichts solcher Problemstellungen hält Apel es für wichtig, nicht nur eine universalistische Sollensethik nach dem Vorbild Kants zu konstruieren, sondern auch mit Kohlberg nach empirisch-sozialwissenschaftlichen Befunden zu suchen, die zeigen können, daß die Menschen zu einer Bewußtseinsentwicklung in Richtung auf eine allgemeingültige Moral überhaupt fähig sind.[31]

Wenn aus der spezifisch deutschen Katastrophe also etwas gelernt werden kann, dann ist es dies: Wir haben es hier mit dem paradigmatischen Fall einer Adoleszenzkrise der Menschheit zu tun. Die deutsche Denktradition bietet deshalb die Chance, die Verirrungen und Abwege auf »Stufe 4 1/2« kritisch zu studieren und Strategien zu ihrer Vermeidung zu entwickeln. Vor allem aber erkennt man: Die konventionellen Tugenden der Stufe 4 sind kein ausreichender Schutz vor Diktatoren. Die Scheinaufklärung derjenigen, die alles auf Fragen der Macht oder Biologie verkürzten, fördert eher die Tyrannen, deren klügste Paladine zynisch die eigene Theatralik durchschauten. Die Goebbels-Tagebücher sind dafür ein Beleg.

Ein relativistisches oder hermeneutisches Geltenlassen verschiedener Ansprüche mag in einer festgefügten demokratischen Tradition sein Recht haben. In den Katastrophen- und Entscheidungszeiten des Denkens wird es versagen. Eine derartige Haltung ist sozusagen nur für die Schönwetterzeiten eines friedlichen Staatswesens geeignet. Da Apel im reinen Sollen auch keine Lösung sieht, plädiert er für ein normativ gesteuertes Vorgehen der rekonstruktiven Wissenschaften. Die notwendigen Voraussetzungen dieser Wissenschaften werden zugleich als mögliches und tatsächliches Ergebnis der Geschichte interpretiert; sie müssen, indem sie immer schon existente Vorstrukturen des argumentativen Diskurses herausarbeiten, ihre Vorstruktur sozusagen selbst einholen. Apel spricht deshalb vom »Selbsteinholungsprinzip der rekonstruktiven Wissenschaften.«[32]

Das ist keine Voraussage über ein Gesellschaftsziel wie noch bei Marx, sondern die teilweise Vorwegnahme der *idealen Diskursbedingungen*. Diese werden für faktisch möglich und für moralisch gesollt gehalten. Sie sind aber nicht notwendig, weder kausal noch teleologisch, d.h. sie sind kein Ziel, das auf jeden Fall auch erreicht werden wird. Wenn in diesem Zusammenhang überhaupt von einer Notwendigkeit gesprochen werden kann, ist es eine transzendentale, eine Denknotwendigkeit, keine kausale, keine Sachnotwendigkeit.

»I'm just a German«

Die skizzenhafte Geschichtskonstruktion Apels stimmt in bemerkenswerter Weise überein mit der soziologischen Geschichtstheorie von Norbert Elias. In seinen *Studien über die Deutschen* stellt dieser fest, daß in Deutschland eine entscheidende Stufe der Nationbildung übergangen wurde. Während in Frankreich, England und den Niederlanden das 17. Jahrhundert eines der glanzvollsten und friedlichsten ihrer Entwicklung war, führte der Dreißigjährige Krieg in Deutschland zur materiellen und kulturellen Verödung, zu Entzivilisierung und Zersplitterung, nicht zuletzt auch zu einer Verrohung der Menschen. Die Überbetonung des Militärischen in Deutschland hat hier ihre Wurzel. Eine außerordentlich ausgeprägte Kontinuität des Nationalstaates hatte in Frankreich dagegen einen anfangs höfisch geprägten, zivilisierten Habitus hervorgebracht, der in Deutschland fast vollkommen fehlte. Die mittelalterliche Stadtkultur war im Krieg verfallen. Die Entwicklung in Deutschland verlief genau entgegengesetzt zu der in den Niederlanden: »Die Kunst des Regierens mit Hilfe von Verhandlungen und Kompromissen ging von der Stadt auf den Staat über. In Deutschland hingegen überwucherten auf verschiedenen Ebenen militärische Modelle des Befehlens und Gehorchens die städtischen Modelle des Verhandelns und Überredens.«[33]

Die politische Welt Deutschlands war bis weit in das 20. Jahrhundert hinein stark antidiskursiv geprägt. Verehrt wurden die großen Befehlsgeber wie Friedrich II. und Bismarck. Als das Bürgertum 1848/49 bei dem Versuch, die Einigung Deutschlands zu verwirklichen, gescheitert war, und die Militärmonarchie sie schließlich 1871 durchsetzte, waren der »Scheinrealismus der Macht«[34] und die Übernahme von Adelsmodellen auch in bürgerlichen Kreisen erfolgreich durchgesetzt. Statt bürgerlicher Modelle des Redens und Verhandelns setzte sich die Militärkultur des Kriegsadels durch. So erklären sich nicht nur die seltsamen

Trinksitten der deutschen korporierten Studenten. Auch daß im Nationalsozialismus jeder »Arier« über möglichst viele Generationen hinweg seine »arischen« Ahnen vorweisen mußte, wird als Ausweitung adliger Legitimationsformen auf die gesamte Gesellschaft erklärbar.[35]

Die sozialen Voraussetzungen des Übergangs zur postkonventionellen Moral, nämlich Urbanität und Diskursivität, wurden von den Nationalsozialisten systematisch durch neuerrichtete Hierarchien bekämpft (z.B. Führer- und Gefolgschaftsprinzip in Wirtschaftsunternehmen). Die als dekadent verschriene Diskussion wurde durch kurze, knappe Befehle ersetzt. Solche scheinbar effizienten Modelle sind jedoch unterkomplex. Sie werden den Organisationsanforderungen moderner Gesellschaftsstrukturen, ihrer Unübersichtlichkeit und den daraus folgenden Erfordernissen der Selbstorganisation von Teilbereichen nicht gerecht. Diskursivität ist nicht zuletzt auch ein soziales Erfordernis, dessen Nichteinhaltung ein Gesellschaftssystem in den Untergang treiben kann. Nicht nur zum eigenen Schaden, sondern oft auch mit katastrophalen Folgen für die Nachbarn.

Die besonderen deutschen Probleme dürften damit hinlänglich Kontur gewonnen haben, um den Hintergrund des folgenden prägnanten Schlagabtauschs zwischen Apel und dem amerikanischen Pragmatisten Richard Rorty verständlich zu machen. In die Enge getrieben durch die Frage nach den Grundlagen der Moral hatte Rorty bei einer Wiener Podiumsdiskussion (1985) gesagt: »It's just common sense. I am just an American.« Apel fragte zurück: »Kann ich einfach auch so sagen: I'm just a German?«[36]

Der deutsche Common sense des Dritten Reichs war das »gesunde Volksempfinden«. Deutlicher kann man eigentlich nicht sagen, warum in Deutschland nach Begründungsstrategien für moralisches Handeln gesucht werden muß. Anderswo kann man durchaus mit einer gewissen Berechtigung darauf verzichten — solange es mit der eigenen Gesellschaft gut geht und solange keine allzugroßen Konflikte auftreten. Richard Rortys Philosophie etwa ist ein Denken der achtziger Jahre, das die großen Konflikte der amerikanischen Gesellschaft in den sechziger und siebziger Jahren, nämlich die Bürgerrechtsbewegung und die Diskussion um den Vietnamkrieg, verdrängt hat. Selbstverständlich hat Martin Luther King bei seiner Forderung nach gleichem Recht auch für die Schwarzen an universalistische Werte appelliert; selbstverständlich mußte dies gegen den Common sense in den Südstaaten der USA durchgesetzt werden, wo man es »schon immer« anders gemacht hatte. Ein so tiefsitzendes Trauma wie die nationalsozialistische Erfahrung haben diese Großkonflikte in den USA dennoch nicht hinterlassen. Dies läßt folgendes Fazit zu: Begründungen brauchen immer die statusunsicheren Außenseiter der nationalen und internationalen Kommunikationsgemeinschaft, die sich ihrer eigenen Ansprüche nicht ganz gewiß sein können, nicht dagegen die selbstsicheren Repräsentanten der Sonnenseite des Gewissens.

3. Reflexive Letztbegründung

Die Ausgangssituation: Dingler-Komplex und Münchhausen-Trilemma

Aufklärung ist das Fragen nach Begründungen. Sokrates, der philosophische Aufklärer gegen die griechische Sophistik, sprach vom »logon didonai«, das lateinisch mit »rationem reddere«, Gründe angeben, übersetzt wurde. Ratio ist in der lateinischen Begriffssprache nicht nur die Vernunft bzw. in neueren Auslegungen der Verstand, sondern auch der *Grund*.

Alles kann hinterfragt werden — seit der Aufklärung im 18. Jahrhundert hat sich diese Haltung von der Philosophie ausgehend über die ganze Gesellschaft verbreitet.[1] Was jeweils als Grund akzeptiert wird, wechselt historisch und mit den jeweils vorhandenen gemeinsamen Voraussetzungen derjenigen, die einander nach Gründen fragen. *Daß* aber gefragt und nicht mehr einfach das Seiende, wie es ist, akzeptiert wird, ist vor allem eine Entwicklung der letzten 250 Jahre.

Damit ergibt sich jedoch ein Problem: Wenn man für alles eine Begründung verlangt, muß man konsequenterweise auch für die Sätze, die als Begründungen angegeben werden, ihrerseits noch Begründungen vorlegen usw.[2] Solches Suchen nach letzten Gründen, wie es etwa Hugo Dingler (1881-1954) praktizierte, galt in den sechziger Jahren als bloße Gespensterjagd. Dingler suchte nach einer Absolutbegründung der Wissenschaft. Für ihn war klar: »Was wir brauchen ist Gewißheit.«[3] Er hatte das Problem des unendlichen Regresses erkannt, das sich bei Begründungsfragen immer ergibt, und nach einem Hinweis gesucht, ob sich in der Reihe der Gründe A, B, C, D… nicht doch irgendwann ein Grund X ergeben könne, der selbst keiner Begründung mehr bedürfe.[4] Er stellte sich vor, daß dieser Grund X ganz bewußt vom Willen eines Ich gesetzt werden könne: »Daß ich etwas will, muß ich als unmittelbar gewiß annehmen. Für die Gültigkeit dieses Satzes kann ich keines besonderen Kriteriums bedürfen. Irgendetwas müssen wir als unmittelbar gültig voraussetzen, und das ist das, daß ich etwas will.«[5]

Der letzte Grund der Wissenschaft wird hier zu einer Art *Tathandlung*, wie man sie auch bei Fichte findet.[6] Offensichtlich ist diese Art von Gewißheit aber keine Begründung. Man kann solche Gewißheiten im Brustton der Überzeugung behaupten, während man irgendeine Tathandlung vollzieht, ohne daß damit die Berechtigung dieser Tathandlung begründet wäre. Begründung und Gewißheit sind zwei sehr verschiedene Dinge, wie auch Gewißheit und Wahrheit verschieden voneinander sind. Beispielsweise kann etwas durchaus wahr sein, ohne daß man sich dessen sicher ist.[7]

Heute geht die vorherrschende Meinung der Naturwissenschaftler und Philosophen dahin, daß Letztbegründung unmöglich sei. Jürgen Mittelstraß hat deshalb diagnostiziert, die Wissenschaft sei von einem »Dingler-Komplex« befallen.[8] Meist wird nicht einmal mehr die Frage der Letztbegründung behandelt, so daß selbst das scharfgeschliffene intellektuelle Instrumentarium, das sich an ihr ausgebildet hatte, verlorenzugehen droht. In den fünfziger und sechziger Jahren hatte sich eine Art »deutsche Ideologie« herausgebildet, »ein Denken, das vor allem durch

Hegel und durch Heidegger bestimmt« war »und alles, was sich von diesen beiden Bezugspunkten her nicht begreifen ließ, kaum in Betracht« zog. [9] Ein esoterischer Jargon, sei es der Eigentlichkeit, der Wahrheit als Lichtung, der Verdinglichung oder der Entfremdung hatte sich vor eine rationale Beschäftigung mit den Grundlagen moderner Erkenntnistheorie geschoben. Hans Alberts Diagnose des philosophischen Klimas dieser Zeit ist nicht weit entfernt von Jürgen Habermas' Bewertung der Nachkriegsphilosophie: Herausragende Gestalten wie Gehlen, Heidegger, Jaspers, Adorno und Bloch traten vor allem als Propheten, als Verkünder auf. Zwar waren die großen philosophischen Systeme längst zusammengebrochen, aber in ihrem Auftreten und ihrem Gestus hatten diese Denker noch teil am welterklärenden Nimbus. Sie haben im Stadium der Kritik noch »parasitär vom Erbe gezehrt.« [10] Diesem Verkündigungsgestus mußte eine solide Erkenntnistheorie fremd sein.

Seit Ende der sechziger Jahre werden dagegen starke aufklärerische Ansprüche ins Feld geführt. Hans Albert ist in diesem Sinne ebenso ein Aufklärer wie Apel. Albert hat seine These von der Unmöglichkeit der Letztbegründung zuerst 1968 vorgetragen. Er hat zu zeigen versucht, daß die Suche nach einem letzten Grund in ein unlösbares Trilemma führt, das er das Münchhausen-Trilemma genannt hat. Einige Leser werden sich fragen, wie denn der Freiherr von Münchhausen seinen Weg in die Philosophie gefunden hat. Die Idee stammt — wie so viele erkenntnisskeptische Anmerkungen — aus Friedrich Nietzsches »Von den Vorurteilen der Philosophen«, dem Anfang von *Jenseits von Gut und Böse*. Dort heißt es über die causa sui, die Ursache seiner selbst, eine der Bezeichnungen der Scholastik für Gott, diese Art »logischer Nothzucht und Unnatur« sei der Versuch, »mit einer mehr als Münchhausen'schen Verwegenheit, sich selbst aus dem Sumpf des Nichts an den Haaren in's Dasein zu ziehen.«[11]

Nach dem Münchhausen-Trilemma ergeben sich bei der Frage nach dem letzten Grund genau drei Möglichkeiten:

1. der unendliche Regreß: Auf der Suche nach letzten Gründen geht man immer weiter zurück — bis ins Unendliche (regressus ad infinitum).
2. der fehlerhafte logische Zirkel: Man stößt auf scheinbar letzte Gründe, die man aber selbst schon vorausgesetzt hatte (circulus vitiosus).
3. der Abbruch des Begründungsverfahrens durch eine Entscheidung, durch Dezision: Im Gegensatz zu den beiden anderen Wegen ist dieser zwar praktikabel, aber unbefriedigend, weil er die Antwort auf Begründungsfragen von einem bestimmten Punkt an einfach verweigert.[12]

Mehr als diese drei Möglichkeiten gibt es nicht. Alberts Fazit: Letztbegründung ist unmöglich. Der Glaube an letzte Gründe ist seiner Ansicht nach eher schädlich, weil er durch Dogmatisierung die Wissenschaftsentwicklung behindern könnte.

Apels Lösungsansatz: Der reflexive Weg

Es ist wichtig zu wissen, daß Apels Letztbegründungsargument anders als etwa die Meditationen Descartes', Husserls oder die Überlegungen Hugo Dinglers nicht in einer einsamen Selbstbesinnung entstanden sind, sondern als Reaktion und Antwort auf das Münchhausen-Trilemma. Dieses

Junius Verlag GmbH
Stresemannstraße 375

2000 Hamburg 50

Mitteilungen an den Verlag:

Informieren Sie mich bitte in Zukunft kostenlos und unverbindlich über die Neuerscheinungen und das übrige Programm des Junius Verlages.

Ich interessiere mich vor allem für:

☐ Geschichte   ☐ Lateinamerika   ☐ Sammlung Junius

☐ Philosophie   ☐ Dritte Welt   ☐ Reihe ›Zur Einführung‹

☐ Politik   ☐ Osteuropa   ☐ Sozialgeschichtliche Bibliothek

☐ Sozialwissenschaften   ☐ Region Hamburg   ☐ Gesamtprogramm

Absender:
(bitte in Blockschrift ausfüllen)   Datum:

Name   Vorname

Straße, Hausnummer

PLZ   Ort

Diese Karte entnahm ich dem Buch: _____

Ich bin damit einverstanden, daß diese Angaben **ausschließlich** für Zwecke der Verlagsarbeit gespeichert und automatisch verarbeitet werden.

ist für die Philosophie deshalb so außerordentlich wichtig, weil es in bündiger Formulierung behauptet, was die meisten Philosophen (und gewiß auch Nichtphilosophen) intuitiv glauben: Letztbegründung ist kein gangbarer Weg. Ein allgemeines Gefühl, eine weitverbreitete Intuition ist aber für eine intellektuelle Auseinandersetzung zu unbestimmt. Der provokative Anstoß zu einer haltbaren Letztbegründungsformulierung ging gerade von Alberts exakter Formulierung des Gegenteils aus.

Die Letztbegründer haben in Alberts Trilemma übrigens *keinen Fehler* gefunden. Auch von Apel und dessen Schüler Wolfgang Kuhlmann wird das Trilemma als zutreffend und vollständig angesehen. Albert hat nichts übersehen. Das Gegenargument sieht jedoch völlig anders aus. Es besteht in dem Vorwurf, Hans Albert verwende *einen zu engen Begründungsbegriff*, der nur die *Deduktion* von etwas aus etwas anderem zulasse. Ein allerletztes Anderes kann es aber nicht geben — wenn man nicht gerade gottesgläubig ist. Das Problem des Münchhausen-Trilemmas liegt also gerade in seinem Verständnis von Begründung als Deduktion aus einem Axiom.

Begründen, aber auch Bestreiten von Begründungen bedeutet freilich immer Argumentieren. Um überhaupt sinnvoll argumentieren zu können, müssen indes schon bestimmte Voraussetzungen gemacht werden. Letztbegründung läßt sich so verstehen als das Zurückgehen auf eine Voraussetzung, die man nicht bestreiten kann. Sie wäre eine Voraussetzung, die man selbst immer schon in Anspruch nehmen muß, um überhaupt etwas bestreiten zu können. Diese Art von Voraussetzung muß auch der Gegner der Letztbegründung immer schon in Anspruch nehmen. Der Versuch, die Regeln der Argumentation selbst zu bestreiten, verstrickt den Redner in einen Widerspruch, den Apel als »performativen Widerspruch« charakterisiert. Ein performativer Widerspruch ist z. B. in einem Satz enthalten wie: »Ich behaupte hiermit, daß ich nicht existiere.« Um dies aussprechen zu können, muß man existieren. Die Bedeutung dieses Satzes, seine semantische Ebene, widerspricht dem, was ihn überhaupt erst möglich macht: der Pragmatik des Sprechers.

Für die argumentative Rede gelten nun erheblich mehr Voraussetzungen als die Existenz dessen, der etwas sagt. Zumindest gehört auch das Geltenlassen des Anderen dazu, und vor allem auch die Regel, daß nicht ein Befehl oder eine Weisung das richtige Ergebnis eines argumentativen Diskurses festlegen kann, sondern allein ein Konsens.

Die performativen Widersprüche sind das Hauptargument in Apels Begründungsdiskurs. Die Suche nach ihnen ermöglicht es, *Argumentationsregeln zu identifizieren*, die unausweichlich in Anspruch genommen werden müssen. Das ist Apels Hauptargument:

»Wenn ich etwas nicht ohne aktuellen Selbstwiderspruch bestreiten und zugleich nicht ohne formallogische petitio principii deduktiv begründen kann, dann gehört es eben zu jenen transzendentalpragmatischen Voraussetzungen der Argumentation, die man immer schon anerkannt haben muß, wenn das Sprachspiel der Argumentation seinen *Sinn* behalten soll. Man kann daher diese transzendentalpragmatische Argumentationsweise auch die *sinnkritische Form der Letztbegründung* nennen.« [13]

Ist es ihm damit gelungen, Alberts Münchhausen-Trilemma zu umgehen und eine wirkliche Letztbegründung zu finden? Der zentrale Gedanke von Apel und Kuhlmann besagt, daß *Begründen* etwas anderes sei als deduktives *Beweisen*. Damit falle die transzendentalpragmatische

Letztbegründung nicht unter Hans Alberts Unmöglichkeitsthese, die nur für das Beweisen gelte.

Irritierend an diesen Überlegungen ist, daß weder Apel noch Kuhlmann in Alberts *Traktat über kritische Vernunft* die Textpassage nach seiner Präsentation des Münchhausen-Trilemmas zur Kenntnis genommen haben. Dort erklärt Albert ausdrücklich, daß sich die Situation im wesentlichen nicht dadurch ändert, »daß man andere Ableitungsverfahren als die der deduktiven Logik einführt, um den Begründungsregreß zu bewerkstelligen.«[14] Auch wenn man statt der Deduktion induktive oder andere Verfahrensweisen verwendet, transzendentalistisch vorgeht oder auf die Sprachanalyse zurückgreift: Nach Albert entgeht man dem Trilemma auch auf diese Weise nicht, weil man dann ja begründen müßte, weshalb das eigene Ableitungsverfahren oder andersartige Begründungen als letztgültig angesehen werden sollen.

Albert hat das Münchhausen-Trilemma in der ausdrücklichen Formulierung zwar auf deduktive Ableitungsverfahren zugeschnitten. Von Anfang an aber hat er darauf hingewiesen, daß es für alle Arten von Begründungsverfahren gelten soll. Im Grunde überträgt er damit allerdings nur die engeren Regeln der deduktiven Ableitung auf alle denkbaren Begründungsansätze, läßt also eigentlich doch nur die Deduktion gelten. Insofern ist Apels und Kuhlmanns Unterscheidung zwischen Reflexion und Deduktion damit noch nicht wirklich erschüttert.

Aber fragen wir einmal andersherum. Was wäre eigentlich verloren, wenn Albert recht hätte und die Letztbegründung nicht stichhaltig wäre? — »Wenn es keine Letztbegründung geben kann, dann gibt es nur bedingte Begründungen, und das bedeutet für die normative Ethik: Es gibt nur hypothetische Imperative.«[15] Hypothetische Imperative sind »wenn … dann«-Formeln. *Wenn* ich ein bestimmtes Ziel erreichen will, *dann* muß ich dazu bestimmte Maßnahmen ergreifen. Ihr Gegenteil sind kategorische Imperative, die absolut gelten, unabhängig von Vorgaben und Voraussetzungen. Das Bedürfnis nach dem Absoluten, dem Kategorischen ist vermutlich die tiefste Wurzel des Letztbegründungsanspruchs. Würde man darauf verzichten, wäre für die normative Ethik im Grunde aber nichts verloren. *Wenn* die Menschheit überleben will, *dann* müssen bestimmte Maßnahmen ergriffen werden. *Wenn* man argumentieren will, *dann* muß man die Voraussetzungen der Argumentation anerkennen. Zur Begründung ethischer Normen reicht das vollkommen aus.

Es ist falsch, wenn Wolfgang Kuhlmann behauptet, daß für die traditionellen Kerndisziplinen der Philosophie wie Erkenntniskritik und normative Ethik kein Platz mehr sei, wenn letzte Gewißheiten grundsätzlich nicht mehr zu erreichen seien.[16] Was verlorengeht, sind eigentlich nur der Brustton der Überzeugung und der Dogmatismus ethischer Grundlagenreflexionen. Gewonnen würde ein Verständnis, das Normen als soziale Regeln begreift, die selbstverständlich verbindlich und einzuhalten sind, aber keine absolute Geltung besitzen.

Selbst wenn das Argument von den notwendigen Voraussetzungen des Argumentierens also nicht absolut und unter allen Umständen gilt, Hans Albert also recht haben sollte, bleibt es in einem wesentlichen Punkt nicht nur richtig, sondern auch außerordentlich erhellend und weiterführend. Durch ihr reflexives Vorgehen werfen Apel und Kuhlmann Licht auf die notwendigen Argumentationsvoraussetzungen, die man immer schon akzeptieren muß, *wenn* man *ernsthaft* argumentieren *will*. Niemandem kann verordnet werden, daß er argumentieren *muß*. Man kann höchstens sagen, daß jemand sich dann einer *rationalen* Auseinandersetzung entzieht, also irrational ist. Ob man aber rational sein will oder nicht, bleibt eben auch nur die Sache einer Wahl. In diesem Punkt weiter zu gehen, ist nicht unproblematisch, weil eine Diskursrationalität, die mit sehr strikten apodiktischen Geltungsansprüchen vorgetragen wird, immer die stille Drohung enthält, die Irrationalisten in eine Heilanstalt zu sperren. [17] Auch aus diesem Grund ist es sinnvoll, Apels Argument um seinen absoluten Geltungsanspruch zu kürzen und es nur »hypothetisch« gelten zu lassen. Für eine Moralbegründung und damit für alle relevanten Folgerungen, die Apel und andere verwandte Autoren daraus ziehen, macht das keinen Unterschied.

Auch wenn bis jetzt nicht ganz geklärt werden konnte, ob die Letztbegründung im strengen Sinn gelingt, ist das reflexive Begründungsargument außerordentlich tragfähig, weil es den argumentativen Diskurs, das Hauptmedium des nachaufklärerischen Denkens, auf die Konsequenzen befragt, die immanent in ihm angelegt sind. Die Absolutsetzung der Argumentation, zu der Apel und Kuhlmann neigen, kann als mythologischer oder metaphysischer Rest in ihrem Denken gedeutet werden. Wenn ein Gedankenzusammenhang neu entwickelt wird, besteht immer die Neigung, seine Leistungsfähigkeit zu überschätzen. Die Prüfung im Hin und Her der Argumente schneidet dann die Geltungsansprüche auf ein haltbares Maß zurück.

Apel selbst ist nicht bereit, diese Reduzierung des Absolutheitsanspruchs auf das Maß hypothetischer Geltung zu akzeptieren. Er hat allerdings schon ein wesentliches Zugeständnis gemacht: Wenn jemand die Argumentation verweigert, *gilt* die Letztbegründung unverändert — sie vermag aber weder die mögliche Einsicht in das Prinzip noch »die fürs Handeln erforderliche willentliche Bekräftigung der Einsicht«[18] zu garantieren. Dieser Unterschied von theoretischer Gültigkeit eines Arguments und willentlicher Akzeptanz war vorher so deutlich nicht gemacht worden. Damit hat Apel sich Poppers These vom letztlich irrationalen, aber durchaus begründeten *Entschluß für die Vernunft* angenähert, die von ihm sonst so heftig attackiert wird.[19] Apel bestreitet jedoch, daß das Problem der willentlichen Bekräftigung von Einsichten im Prinzip überhaupt zur Begründung gehört. In seiner Sicht ist die Begründung rational vollständig vollzogen. Wenn jemand sie nicht einsieht, ist das letztlich ein Problem des guten oder bösen Willens.[20] Hier liegt für ihn das Recht voluntaristischer Überlegungen z.B. von Johannes Duns Scotus (ca. 1266-1318): Voluntas est superior intellectu (der Wille steht über dem Denken). Bei Apel steht der Wille allerdings nicht über, sondern neben der Einsicht — die nicht nur vollzogen, sondern auch willentlich bekräftigt werden muß.

Die Diskussion über dieses Problem hat freilich erst begonnen. Es ist komplizierter, als es auf den ersten Blick scheint. Es geht nicht einfach um den Gegensatz von Theorie (in der die Begründung gilt) und Praxis (in der man sich daran halten kann oder auch nicht). Es geht vielmehr um den Gegensatz zwischen Sein und Sollen, und darum, wie stark eigentlich die Verbindlichkeiten sein können, die aus reflexiven Einsichten resultieren.

Popper hatte gemeint, daß starke Plausibilitätsargumente für die Rationalität sprechen, ohne daß man sie letztlich verbindlich begründen kann. Zum Handeln reiche das aus und vermeide einige philosophische Fallstricke. Apel hingegen ist der Auffassung, daß es zwingende Gründe für Rationalität gibt, die deshalb gelten, weil man sich immer schon in der Rationalität bewegt, wenn man über sie nachdenkt. Popper versucht sich also in der Entscheidung für die Vernunft auf einen gar nicht denkbaren fiktiven Standpunkt *vor* der Rationalität zu stellen, während er sich nach Apels Ansicht schon mitten darin befindet. Poppers Argument wird von Apel geschwächt mittels des »je schon« oder »immer schon«, also des »apriorischen Perfekts«, das für ihn einen der faszinierendsten Aspekte von Heideggers *Sein und Zeit* ausmacht.[21] Heidegger allerdings hatte es nicht an der Argumentation festgemacht, sondern an den von ihm so genannten existentialen Voraussetzungen.

Apel bezeichnet seine eigene Lehre gern als Transzendentalpragmatik. Dieser Begriff bringt zwei Elemente zusammen, die einander herkömmlicherweise widerstreiten. Auf der einen Seite eine rein transzendentale Reflexion im Sinne Kants, auf der anderen Seite der pragmatische Blick auf konkrete Kontexte. Dieses Zusammenbringen des Empirischen und des Transzendentalen ist für Apel charakteristisch. Schon in einem frühen Aufsatz hat er das »Leibapriori der Erkenntnis« behandelt.[22] Einen leibunabhängigen Verstand, den »intellectus ipse«, gebe es nicht — das Apriori des Leibes, oder anders ausgedrückt: der existentiellen Praxis, muß vorausgesetzt werden. Schon damals kam Apel zu dem Fazit:

»Hier liegt daher auch der Problemstachel, an dem die schöpferische Philosophie des 19. und 20. Jahrhunderts ihre antithetische Antwort auf Hegel entzündet. Urmarxismus, Kierkegaardsche Existenzphilosophie, Lebensphilosophie und Pragmatismus konvergieren in dem Punkt, daß der Sinn der Welt sich niemals für ein reines Bewußtsein, das in theoretischer Distanz die Welt spiegelt, ergeben kann, sondern notwendig über ein leibhaftes Engagement, über materielle Praxis, über einen irreversiblen und daher riskanten Entwurf der Zukunft vermittelt ist.«[23]

Jener Aufsatz über das Leibapriori weist eine bemerkenswerte Konvergenz mit Michel Foucaults Rede vom Menschen als einer seltsamen »empirisch-transzendentalen Doublette« auf[24], die wohl über das phänomenologische Denken von Foucaults Lehrer Maurice Merleau-Ponty vermittelt ist. Die Schwächen einer derartigen Erkenntnisanthropologie hat Foucault schonungslos offengelegt. »Die Wahrheit« wäre ja nach dieser Konzeption im Menschenbild zu finden, in der Reflexion auf den Menschen als Erkenntnisvoraussetzung. Unter dieser Prämisse entwickelt sich die Reflexion jedoch entweder zu einem unkritischen Positivismus oder geht von einem utopischen, heilsorientierten Menschenbild aus wie bei Marx.[25]

Eben diese Schwäche der empirisch-transzendentalen Doppelung versucht Apel in seinem heutigen Denken zu überwinden. Er geht über das Leibapriori hinaus und spricht davon, daß die jeweiligen Geltungsansprüche gegenüber einer unbegrenzten idealen Kommunikationsgemeinschaft erhoben werden. Apel entwirft einen neuen Ansatz zur Lösung des alten Problems der Hermeneutik: Wenn es bloß situatives Verstehen gibt, dann gibt es nur verschiedene, aber keine besseren oder schlechteren Verstehensmöglichkeiten. Dann aber kann man wirkliches Verstehen nicht mehr vom Mißverstehen unterscheiden – man kommt zu einem relativistischen Ergebnis. Apels Lösung: Wir müssen in jeder Situation Geltungsansprüche erheben, die sich auf eine unbegrenzte ideale Kommunikationsgemeinschaft beziehen. Was Platon zum Reich der Ideen erhob, sind in Wirklichkeit die übergreifenden Geltungsansprüche.[26]

Neben dem gängigen Begriff »Transzendentalpragmatik« verwendet Apel auch den Begriff »Transzendentalhermeneutik«.[27] Der hermeneutische Weg versucht den zweiten Teil des Münchhausen-Trilemmas aufzulösen: nämlich dem logischen Zirkel. Apel nimmt dazu ein zentrales Argument aus Heideggers *Sein und Zeit* auf. Dort wird zwischen dem logischen Zirkel und dem hermeneutischen Zirkel unterschieden. Der zweite muß keineswegs vermieden werden. Es kommt vielmehr darauf an, wie man richtig in ihn hineinspringt.[28] Ein Zirkel dieser Art entsteht, wenn man im Argumentieren auf dessen Voraussetzungen reflektiert und diese nach und nach expliziert.[29] In seinen heutigen Veröffentlichungen übernimmt Apel beinahe unbefangen die Rede vom »hermeneutischen Zirkel«. 1973, als er seine Begründungsüberlegungen erstmals vortrug, war er noch zurückhaltender, weil damals Hans-Georg Gadamers Version der Hermeneutik, in der es nur ein »anders verstehen«, nicht aber ein »besser verstehen« gibt, vorherrschend war. Aus einer derartigen Hermeneutik-Konzeption hätten natürlich keine normativen Momente abgeleitet werden können. Damals schlug Apel ganz im Sinne des damaligen Zeitgeistes vor, die Hermeneutik solle die »engagierte Ideologiekritik in sich aufnehmen«[30] und so die Mannigfaltigkeit der real vorhandenen Normen und Werte kritisch würdigen, um daraus einen Praxisbezug zu entfalten.

Alle Stellen, an denen Apel sich vom hermeneutischen Zirkel zu distanzieren scheint, muß man als Abgrenzung gegen den Konservatismus von Gadamer und Heidegger lesen. Was Apel vorschwebt, ist eine normative Hermeneutik, keine, die sich ins Verstehensgeschick ergibt. Sein Weg ist die hermeneutische Besinnung auf die notwendigen Voraussetzungen der Argumentation. Er geht damit den Weg einer nur in der Philosophie möglichen *Selbstbegründung*, die gewissermaßen eine *Selbstbegründung der Vernunft* ist.[31] Im Denken seines Gegenspielers Hans Albert ist Selbstbegründung nur ein rhetorisch starker Ausdruck für die entschiedene Wahl eines bestimmten Ausgangspunktes, also für die *Dezision* als dritte Möglichkeit des Münchhausen-Trilemmas.[32]

Die Diskursgegner haben einander an diesem Punkt nicht überzeugen können. Ich will es deshalb offen lassen, ob Apel eine Selbstbegründung der diskursiven Vernunft auf dem Weg einer reflexiven Uminterpretation des logischen Zirkels in den hermeneutischen Zirkel gelungen ist, wie er beansprucht, oder ob er doch in eine dezisionistische Position verfallen ist. In beiden Fällen würde die Diskursethik, die das Wichtigste an Apels Philosophie ist, sich in ihrer Ausgestaltung und Ausführung nicht ändern. Im ersten Fall hätte sie zwar ein unerschütterliches und dem eigenen Anspruch nach unwiderlegliches Fundament, aber auch im zweiten Fall, der die *Entscheidung* für die diskursive Vernunft voraussetzt, wären die Folgerungen aus dieser Entscheidung mit genau den gleichen Argumenten diskutierbar.

Die zweite Interpretation hätte sogar den Vorteil, auf den Konsens auch der kritischen Rationalisten und anderer Gegner einer Fundamentalphilosophie rechnen zu können — ihr Fundament wäre damit lebensnäher. Lebensnäher auch insofern, als ja in unserer Lebenswelt tatsächlich institutionalisierte wie informelle Diskurse eine außerordentlich praktische Bedeutung gewonnen haben. Die Verhältnisse selbst verlangen geradezu nach einer Diskursphilosophie — ganz unabhängig davon, ob ihre Wurzeln tatsächlich bis an unerschütterliche Grundfesten heranreichen.

Albrecht Wellmer hat zur Letztbegründung Apels die etwas frivole Anmerkung gemacht, daß sie möglicherweise »zu jener Art von Begründungen gehört, durch welche sich nichts an unserem Verständnis der Welt oder unserer selbst ändert« — auf die wir also verzichten können.[33] Apels Reflexion auf die Argumentationsvoraussetzungen ist jedoch auch dann noch interessant, ergiebig und erhellend, wenn der Reflexionszirkel letztlich nicht geschlossen werden kann. Ich habe die Begrifflichkeit in diesem Band deshalb so angelegt, daß ich von »Letztbegründung« immer dann spreche, wenn ich Apels (und Kuhlmanns) Ansatz mit allen seinen Ansprüchen meine, auch mit denen, die Einwänden nicht standhalten. Den Begriff »reflexive Begründung« setze ich immer dort ein, wo ich von bislang standhaltenden Begründungen spreche, die jedoch immer auf hypothetische Voraussetzungen zurückgehen und bei denen die letzte Sicherheit fehlt. Eine solche Differenzierung ist unverzichtbar, weil sonst über dem Begründungsstreit auch die konsensual nachvollziehbaren Einsichten der Diskurstheorie verlorenzugehen drohen.

Das Problem von Apel und Kuhlmann ist, daß sie zuviel beweisen wollen. Am deutlichsten wird das an dem Begriff der »strikten Reflexion«, den Kuhlmann in seiner Habilitationsschrift zuerst aufgebracht hat und den Apel in seinen neueren Veröffentlichungen übernimmt. Das Problem: gegenüber Poppers Wissenschaftstheorie wird zugegeben, daß jede theoretische Einsicht fehlbar ist. Um aber bei der

Reflexion über die Argumentationsvoraussetzungen dennoch zu einem unfehlbaren Fundament zu gelangen, muß man die Einstellung ändern und nicht mehr *theoretisch*, sondern *strikt* reflektieren. [34] Alfred Berlich hat gezeigt, daß in diesem Begriff von »strikter Reflexion« ein neuralgischer Punkt der Letztbegründung liegt. [35] Aus drei Gründen:

— Das Wissen um Argumentationsvoraussetzungen ist immer die Interpretation eines Know-how — und deshalb fehlbar.

— Als Know-how ist es revidierbar.

— Außerdem ist nicht von vornherein gesichert, daß die Sprache, in der wir die Argumentationsvoraussetzungen formulieren, dem Know-how hinreichend angemessen und insofern endgültig ist. [36]

Berlich fügt noch ein viertes Argument hinzu: Apel orientiert sich an der Theorie von Peirce. Nach Peirce aber kann eine Unfehlbarkeit nur der »ultimate opinion« der Forschergemeinschaft zukommen, nicht aber »schon jetzt« für bestimmte Aussagen und Normen gelten. [37]

Von allen Ideen der Transzendentalpragmatik ist die der strikten Reflexion auf den geringsten Konsens gestoßen. Apel hat denn auch zugegeben, »daß jeder Versuch einer *Formulierung* des notwendigerweise anerkannten Prinzips der Diskursethik sich als *revidierbar* erweist. Dies scheint mir in der Tat das stärkste Argument für den *Hypothesen*-Charakter auch der Resultate transzendentaler Reflexion zu sein; denn jeder, der sich selbst um die Formulierung des Prinzips bemüht, macht an sich selbst die Erfahrung, daß seine Formulierungen sich als revidierbar erweisen.« [38] Apel beharrt allerdings darauf, daß transzendentalpragmatische Hypothesen eben doch andersartige Hypothesen sind als jene der Empiriker, weil sie nicht auf äußere

Erscheinungen verweisen, sondern auf die unseres argumentativen Handlungswissens. In welche Formulierungen dieses Handlungswissen gegossen wird, ist revidierbar. Die Grundsituation aber ist nicht revidierbar: »Mit dem ernsthaften Argumentieren zugleich — und d.h. schon mit dem ernsthaften Aufwerfen einer durch Argumente zu beantwortenden Frage — haben wir den Boden des Diskurses immer schon betreten und insofern die Normen der argumentativen Vernunft anerkannt.«[39]

Ich fasse zusammen: *Die heutige gültige Formulierung von Apels Letztbegründungsthese lautet: Die Situation des argumentativen Diskurses ist rational nicht hintergehbar.* Bei allen Zweifeln, ob die Letztbegründung wirklich in genau dem Sinn gelungen ist, wie Apel es beansprucht, kann diese Formel doch mit grundsätzlicher Akzeptanz rechnen. Auch wer sich die Willensentscheidung zu rationaler Argumentation vorbehält, wird zugeben müssen, daß man den Regeln des Diskurses unterliegt, sobald man sich auf ihn ernsthaft eingelassen hat. Der Begriff Letztbegründung ist dann allerdings irreführend. Im Grunde handelt es sich um eine *Letztreflexion*, um eine auf den äußersten Punkt zugespitzte Reflexionsleistung.

Die Diskurssituation und ihre Regeln

Die am Schluß des vorigen Abschnittes vorgetragene Formulierung der Letztbegründungsthese hat den Vorzug der Klarheit. Wolfgang Kuhlmann indes hat eine andere Formel vorgeschlagen: »Die Situation des sinnvoll Argumentierenden ist für uns schlechthin unhintergehbar.«[40]

Der »kleine Unterschied« zwischen den beiden Sätzen soll deutlich machen, wie sehr es in diesen Dingen auf die Formulierung ankommt. Allein in dem Wort »sinnvoll« stecken erhebliche philosophische Tücken. Niklas Luhmann hat »Sinn« zum Grundbegriff der gesamten Soziologie erhoben, weil dieser Begriff es ermögliche, aus der komplexen Erscheinungswelt das auszuwählen, was man noch zu ordnen vermag.[41] Ludwig Wittgenstein wiederum hatte durch seinen Sinnlosigkeitsverdacht die gesamte metaphysische Philosophie zum Einsturz bringen wollen. Das Wort »schlechthin« kommt nur in bestimmten philosophischen Texten vor und bedeutet nichts weiter als daß derjenige, der es verwendet, sich seiner Sache sehr sicher ist. Die Formulierung »rational unhintergehbar« ist treffend, weil irrationales Verhalten, wie man es tagtäglich erleben kann, den argumentativen Diskurs durchaus »hintergeht«. Das »für uns« in Kuhlmanns Satz ist jedoch etwas nebulös. Er hat gewiß gemeint: »für alle Menschen«. »Für uns« ist sprachlich wunderbar bescheiden, versteckt aber eine vollkommen unbescheidene Behauptung, die — klar formuliert — sofort den Anstoß des Lesers erregen muß. Es soll daher mit Kuhlmanns Worten kurz erläutert werden, worin das »Unhintergehbare« genau besteht:

»Es gehört mindestens dies dazu: Wenn ich etwas behaupte, dann sage ich (der Sprecher) mit etwas (der Proposition) etwas (Prädikat) über etwas (Referenzobjekt), und dies so, daß ich mit etwas (performativer Satz) zu etwas (Proposition) einen Geltungsanspruch (etwa der Wahrheit) erhebe, und zwar zunächst gegenüber der realen Kommunikationsgemeinschaft (bzw. deren Vertretern, die die gegenwärtige Gesprächssituation mit-konstituieren), dann aber auch gegenüber der idealen unbegrenzten Kommunikationsgemeinschaft (auf die ich Bezug nehme als die Instanz, welche, anders als die reale Kommunikationsgemeinschaft, wirklich imstande ist, das Recht meines Geltungsanspruchs adäquat zu beurteilen). Berücksichtige ich irgendeines der aufgeführten Momente nicht, dann verunglückt meine Behauptung und leistet nicht, was sie soll.«[42]

Dieses Unhintergehbare ist kein letzter Grund im Sinne einer einzelnen Aussage, sondern eine *Situation*. Die Letztbegründung funktioniert deshalb auch nicht in bezug auf »zeitlose Aussagen«, »sondern nur mit Bezug auf die durch das Behaupten oder Bestreiten immer schon geschaffenen Situationen.«[43]

Der heutige Stand des transzendentalpragmatischen Denkens läßt sich wie folgt charakterisieren. In jedem argumentativen Sprechakt werden drei Geltungsansprüche erhoben:
— der Wahrheitsanspruch
— der Wahrhaftigkeitsanspruch
— der Anspruch normativer Richtigkeit.

Diesen drei Ansprüchen liegt ein vierter zugrunde, nämlich der auf Verständlichkeit der Aussage. Mit dieser Rede von den drei bzw. vier Geltungsansprüchen lehnt Apel sich eng an die universalpragmatischen Forschungen seines Freundes Jürgen Habermas an.[44] Er unterlegt sie allerdings mit dem weitergehenden Anspruch, daß sie nicht nur allgemeingültig, sondern auch notwendig sind. Die Gemeinsamkeiten und Differenzen zu Habermas werde ich im sechsten Kapitel noch ausführlicher behandeln.

Reflexive Letztbegründung ist nicht die *Konstruktion* eines Ausgangspunktes (oder seine Setzung durch eine Tathandlung wie bei Hugo Dingler), sondern die *Aufdeckung* von etwas, das man immer schon in Anspruch nehmen muß. Was nach dem gegenwärtigen Diskussionsstand als erwiesen angesehen werden kann (und auch von den meisten Gegnern Apels akzeptiert wird), ist, daß es Voraussetzungen des Argumentierens geben muß. Wie sie genau aussehen, ist ein Problem der Rekonstruktion des Handlungswissens, die nach Ansicht von Apel und Kuhlmann nicht mit der gleichen Verbindlichkeit vorgenommen werden kann wie die Begründung selbst, sondern nur mit der Verbindlichkeit fachwissenschaftlicher Hypothesen.

In der Perspektive einer solchen Rekonstruktion stellen die Voraussetzungen der Argumentation (zumindest die eines bestimmten Typs) etwas ähnliches dar wie Verkehrsregeln: willkürliche, aber lebenswichtige Konventionen. Es ist gleichgültig, ob man sich auf Links- oder Rechtsverkehr einigt; sobald aber eine solche Konvention gilt, kann ihre Nichtbeachtung für alle Beteiligten lebensgefährlich sein. Auch im Bereich der Argumentation gelten solche Prinzipien, z. B. die Erforderlichkeit eines Diskussionsleiters von einer bestimmten, nicht genau zu definierenden Teilnehmerzahl an, um zu gewährleisten, daß Argumente nicht nur vorgebracht, sondern auch angehört werden können. Dieser Bereich der Regeln hat sich in allen Diskussionen um die Diskursethik als ebenso grundlegend wie unbestimmt erwiesen — offenbar aufgrund der nur schwer zu entwirrenden Vernetzung der prinzipiellen Notwendigkeit von Regeln und ihres in den meisten Fällen willkürlichen Charakters.

Neben den in der Situation liegenden Argumentationsvoraussetzungen gibt es noch eine Reihe von Argumentationsregeln, z. B. die Regeln der Logik und die der genauen Trennung von Bereichen, die beachtet werden müssen. Der Erfolg der Sophisten im antiken Griechenland war gewiß ein Aufklärungsprozeß, ein Siegeszug des argumentativen Diskurses. Sehr bald aber erwies es sich als notwendig, die wirklich logischen Schlüsse von den scheinbaren zu sondern, die Fehlschlüsse und Scheinwiderlegungen zu entlarven. Die »Sophistischen Widerlegungen« des Aristoteles[45] sind einer seiner wichtigsten Texte, der sich die Durchsetzung der Diskursrationalität gegen Scheinbeweise und rhetorisches Blendwerk zum Ziel gesetzt hat.

Das logische Raffinement hat seit Aristoteles erheblich zugenommen; einige neue Regeln logischen Schließens sind hinzugekommen. Seit David Hume müssen wir z.B. das Verbot des Schlusses vom Sein auf das Sollen, des sogenannten »naturalistischen Fehlschlusses«, in der Ethikbegründung beachten. George Edward Moore hat in seinen *Principia Ethica* dieses Verbot für den heutigen Diskussionsstand formuliert.[46] Heute gilt der naturalistische Fehlschluß als eine der schlimmsten Verfehlungen, die man einem Philosophen nachsagen kann, auch wenn Hans Jonas in seinem *Prinzip Verantwortung* mit metaphysischer Gewißheit darauf beharrt, daß Ethik kein Konstrukt sei, sondern sich aus der Aufforderung, die etwa die Hilflosigkeit eines Säuglings darstelle, unmittelbar ergebe. Auch Lawrence Kohlberg, der von der realen Entwicklung der Moral ausgeht, hat sich in einem wichtigen Aufsatz mit diesem Problem auseinandersetzen müssen: »Vom Sein zum Sollen: Wie man den naturalistischen Fehlschluß begeht und damit im Studium der Moralentwicklung davonkommt.«[47] In öffentlichen Diskussionen zeigt sich immer wieder, wie schwierig es ist, vor einem größeren Auditorium auf derartigen Unterscheidungen zu bestehen und trotzdem ernstgenommen zu werden. Vermutlich wird es Aristoteles zu seiner Zeit genauso schwer gehabt haben, die Beachtung elementarer logischer Regeln, wie etwa des Satzes vom ausgeschlossenen Widerspruch, durchzusetzen.

Regeln wie diese entsprechen in ihrer Eigenart nicht den oben erwähnten Verkehrsregeln, bei denen sich nur ihre prinzipielle Notwendigkeit, nicht aber ihre besondere Gestalt letztbegründen läßt. Diese Regeln stellen Verbote dar, die in einer reflexiven Einsicht begründet sind.

Philosophiegeschichtlicher Exkurs: Der »elenchos« — eine Beweisfigur des Aristoteles

In der klassischen philosophischen Tradition gibt es einen Text, der Apels reflexives Begründungsargument in Teilen bereits vorwegnimmt. Es sind die Abschnitte 1005b, Zeile 35, bis 1006a, Zeile 28, im IV. Buch der Metaphysik des Aristoteles. Aristoteles trägt dort den indirekten Beweis vor, den er »elenchos« (lateinisch: elenchus) nennt. Diese klassische Stelle sei hier vorgestellt und interpretiert. Anschließend soll dargestellt werden, inwiefern sich Apels Argumentation von der des Aristoteles unterscheidet.

In der Übersetzung von Franz F. Schwarz wirkt Aristoteles' Text beinahe modern, wie der Anfang der langen Beweisführung zeigt, der schon die wesentlichen Grundlinien enthält:

»Wir haben eben angenommen, es sei unmöglich, daß etwas zugleich sei und nicht sei, und haben daraus gezeigt, daß dies das sicherste Prinzip von allen ist. Einige allerdings verlangen — aufgrund ihrer mangelhaften philosophischen Ausbildung —, auch dies solle bewiesen werden. Denn es zeigt mangelhafte Ausbildung, wenn man nicht weiß, wofür man einen Beweis zu suchen hat und wofür nicht. Es ist nämlich ein Ding der Unmöglichkeit, daß es überhaupt für alles einen Beweis gebe — denn man würde ins Unbegrenzte fortschreiten, so daß auf diese Art und Weise gar kein Beweis zustande käme. [...] Es ist aber möglich, mit Hilfe einer Widerlegung zu beweisen, daß diese Ansicht (daß dasselbe sein und nicht sein kann) unmöglich ist, sofern der Opponierende nur überhaupt etwas sagt. Tut er es aber nicht, so wäre es lächerlich, eine Begründung gegen den zu suchen, der ja für nichts eine Begründung hat, insofern er nämlich keine hat; denn ein solcher ist als solcher gleich einer Pflanze. Ich aber meine, daß es einen Unterschied gibt zwischen einem Beweis mit Hilfe einer Widerlegung und einem direkten Beweis; einerseits nämlich erweckt derjenige, der den direkten Beweis liefern will, den Anschein, als setze er voraus, was erst bewiesen werden soll, andererseits, wenn ein anderer schuld an einer derartigen unbewiesenen Voraussetzung ist, so ist das eine Widerlegung und kein Beweis.

Aber der Anfang bei allen derartigen Diskussionen ist [...] die Forderung, daß er etwas für sich und den anderen als geltend bezeichne. Denn das ist, sofern er überhaupt etwas sagen will, notwendig. Tut er es nicht, so gibt es wohl für einen solchen keine Diskussion, weder mit sich selbst noch mit einem anderen. Gibt dies aber jemand zu, so kann ein Beweis stattfinden; denn dann ist bereits etwas definiert. Aber Ursache der Beweisführung ist nicht der Beweisende, sondern der, der Rede und Antwort steht.«[48]

Man darf nicht für alles einen Beweis verlangen, weil das in den unendlichen Regreß führen würde. Aristoteles' Argument entspricht exakt dem ersten Teil des Münchhausen-Trilemmas. Dieses Verbot ist Teil des philosophischen Bildungswissens. Wenn aber ein *Beweis* nicht möglich ist, so doch die Widerlegung der gegenteiligen Behauptung. Man kann dem Gegner zeigen, daß sein Argument absurd ist (reductio ad absurdum), z.B. dadurch, daß er sich in Widersprüche verstrickt. Dazu ist allerdings erforderlich, daß er überhaupt etwas sagt — sonst ist er »einer Pflanze gleich«. Wer aber könnte eine Pflanze widerlegen? Der »elenchos« des Aristoteles entfaltet also nur im Diskurs seine Wirkung — und nur dann, wenn jemand bereit ist, Rede und Antwort zu stehen.

Aristoteles kann die Haltbarkeit auch solcher Behauptungen, die nicht direkt bewiesen werden können, dadurch aufzeigen, daß er gegenteilige Behauptungen als absurd erweist. Wer überhaupt redet und behaupten wollte, etwas könne sein und zugleich nicht sein, gerät in Widersprüche. Die reductio ad absurdum bleibt jedoch angewiesen auf die Argumentationssituation. Sofern sich der Gegner wirklich wie eine Pflanze verhält und schweigt, ist dieser Beweis nicht möglich. Wodurch würde dann aber die eigene Behauptung gestützt?

Apel grenzt sich vom »elenchos« des Aristoteles wie folgt ab. Der indirekte Beweis durch Widerlegung des Gegenteils setzt zwei Prinzipien als Axiome voraus: das Prinzip vom zu vermeidenden Widerspruch und das Prinzip vom ausgeschlossenen Dritten. Deshalb kann der »elenchos« nicht als Letztbegründung gelten, denn dazu müßte man auch die Begründung der beiden vorausgesetzten Axiome verlangen.[49] Ich vermag allerdings nicht zu sehen, ob Apel etwa die These vom zu vermeidenden performativen Widerspruch erfolgreich begründet. Sie ist bei ihm ebenso sprachphilosophische Voraussetzung wie der Satz vom ausgeschlossenen Widerspruch bei Aristoteles die logische Voraussetzung alles weiteren Argumentierens ist. Die Kernthese der Transzendentalpragmatik, nämlich die Unhintergehbarkeit der Argumentationssituation, ist ja überhaupt nur dadurch zu gewinnen, daß man sagt, wer meine, diese Situation hintergehen zu können, verwickele sich in performative Widersprüche. Die Suche nach diesen Widersprüchen erlaubt erst, die unverzichtbaren Grundlagen der Argumentationssituation herauszuarbeiten. Alle Argumentationsregeln, die sich nicht bestreiten lassen, ohne in einen performativen Widerspruch zu geraten, gelten als letztbegründet — das ist die Pointe von Apels Transzendentalpragmatik.

Vielleicht sollte man den Unterschied zu Aristoteles deshalb so formulieren: Er besteht darin, daß nicht — wie bei Aristoteles — über letzte Gründe argumentiert wird, sondern daß in reflexiver Einstellung das Argumentieren sich selber als letzten Grund darstellt.

Im frühgriechischen Denken suchte man nach dem letzten Grund im Sein. Heidegger hat diese Denkhaltung wieder aufgenommen. Das spätgriechische Denken suchte hingegen nach dem Logos, dem vernünftigen Grund. Das ist auch der Ansatz der modernen Philosophie. Der Begründungsgrund ist kein ontologisches, im Seienden verankertes Fundament, sondern ein diskursives. Heidegger hat diesem modernen Denken »Seinsvergessenheit« vorgeworfen. Apel kontert mit dem Vorwurf der »Logosvergessenheit« gegen die Heideggerianer. [50] Ein Denken wie das Heideggers gibt in Apels Sicht den Sinn- und Wahrheitsanspruch der Rede zugunsten des »Geschehens« oder »Geschicks« auf. Diesen Vorwurf der Logosvergessenheit richtet Apel auch gegen die führenden Vertreter der »hermeneutisch-pragmatischen« Wende wie Richard Rorty und Jacques Derrida, die »kaum noch schreiben oder reden, ohne sich in den pragmatischen Selbstwiderspruch, den Widerspruch zwischen ihren performativ vorgetragenen Geltungsansprüchen und der propositionalen Verleugnung aller universalen Geltungsansprüche zu verwickeln.« [51] Logos in Apels Sinn ist allerdings nicht der »von Heidegger und Derrida mit einigem Recht in Frage« [52] gestellte Logos des »Gestells« bzw. der »instrumentellen Vernunft«, sondern der Logos der diskursiven Verständigung. Dieser Logos ist nichts, was im materiellen Sinn solide wäre. Es geht vielmehr um Legitimation, einen flüchtigen Stoff.

4. Die Diskursethik in ihren Grundzügen

Die Grundlagen der Ethik

Die Ethik-Diskussion muß in den Augen von Karl-Otto Apel von einer Paradoxie ausgehen: In einer sich universalisierenden Weltgesellschaft wächst auch »das Bedürfnis nach einer universalen, d. h. für die menschliche Gesellschaft insgesamt verbindlichen Ethik. [...] Andererseits scheint die philosophische Aufgabe einer rationalen Begründung allgemeiner Ethik noch nie so schwierig, ja aussichtslos gewesen zu sein wie im Zeitalter der Wissenschaft, und zwar deshalb, weil die Idee intersubjektiver Geltung in diesem Zeitalter ebenfalls durch die Wissenschaft präjudiziert ist: nämlich durch die szientistische Idee der normativ neutralen oder wertfreien ›Objektivität‹.«[1] Normen, die das »Zusammenleben in kleinen Gruppen regeln und die Beziehungen zwischen den Gruppen dem Kampf ums Dasein«[2] überlassen, reichen nicht mehr aus.

Die meisten der zur Zeit in den verschiedenen Regionen der Welt wirksamen moralischen Normen beziehen sich immer noch auf den Mikrobereich von Familie, Ehe, Nachbarschaft, konzentrieren sich sogar auf den Intimbereich, dort insbesondere auf die möglichst genaue Regelung sexueller Beziehungen. Das ist übrigens einer der Gründe, warum das Moralisieren für Theologen so attraktiv und in der säkularisierten Öffentlichkeit so anstößig geworden ist. Im mittleren Bereich von Staat und Nation gelten vorwiegend Gruppenidentifikationen und Gruppenegoismen. Die eigentliche Politik wird als möglichst moralfreier Raum verstanden. Im Makrobereich der internationalen Beziehungen und der gesamtmenschlichen Lebensinteressen, z. B. im ökologischen Bereich, gibt es erst zarte Ansätze von Verbindlichkeiten. Demgegenüber wachsen die Auswirkungen von Handlungen und damit ihre Regelungsbedürftigkeit immer stärker in den globalen Bereich hinein.

Was die rationale Moralbegründung angeht, so scheint jede normative Ethik »überholt« zu sein, weil sie sich auf dogmatische Gewißheiten etwa des Naturrechts gestützt hat, die brüchig geworden sind. Im Westen gilt eine Art *Komplementaritätssystem*: Nur Entscheidungen von Einzelpersonen können moralische Verbindlichkeit in Anspruch nehmen; im öffentlichen Bereich sollen möglichst moralfreie Rechtsnormen gelten. Regelungen werden als Konventionen verstanden. Das positive Recht z. B. ist in diesem Sinne nicht normativ verbindlich, sondern allenfalls effektiv.[3] Apel vertritt die Auffassung, daß dies nicht ausreichend ist. Muß es nicht wenigstens eine ethische Grundnorm geben, die vorschreibt, daß solche Übereinkünfte auch einzuhalten sind? Etwa im Sinne des Grundsatzes pacta sunt servanda (Verträge müssen eingehalten werden)? Wenn nämlich das Rechtssystem in einer Gesellschaft seinen moralischen Kredit verliert, wird es auch seine Effektivität sehr bald einbüßen. Nach Apels Theorie muß es ein ethisches Prinzip geben, das sowohl normativ verbindlich als auch intersubjektiv gültig ist. Sonst würde es allenfalls für die private Sphäre gelten und höchstens für die überholte Stammesgesellschaft angemessen sein.

Die Entwicklung der humanistischen Geisteswissenschaften hat in Deutschland zu einer Art von kulturellem Relativismus und damit »zu einer Paralysierung des moralischen Urteils und des moralisch-politischen Engagements in der deutschen Bildungselite geführt.«[4] Apels Antwort auf diese Misere ist angelehnt an das, was schon im Kapitel über die reflexive Letztbegründung entwickelt wurde. Aus den Gültigkeitsvoraussetzungen der menschlichen Argumentation soll eine normative Ethik entwickelt werden, »die als Grundlage für eine solidarische Übernahme der Verantwortung im Zeitalter der Wissenschaft tauglich ist.«[5] Wer sich auf Argumentation einläßt, geht weitreichende normative Verpflichtungen ein. Er anerkennt damit »implizit alle möglichen *Ansprüche* aller Mitglieder der Kommunikationsgemeinschaft, die durch vernünftige Argumente gerechtfertigt werden können (sonst würde der Anspruch der Argumentation sich selbst thematisch beschränken), und er verpflichtet sich zugleich, alle eigenen Ansprüche an Andere durch Argumente zu rechtfertigen.«[6] Darüber hinaus müssen die Argumentierenden sogar die möglichen Ansprüche virtueller Mitglieder der Gemeinschaft berücksichtigen, z.B. die von Kindern.

Im Unterschied zur reinen Pflichtethik Kants sind für die Diskursethik menschliche Bedürfnisse ethisch von Bedeutung. Sie »sind anzuerkennen, sofern sie durch Argumente interpersonal gerechtfertigt werden können.«[7] Die Berücksichtigung der Bedürfnisse ist ein zentraler Punkt. In den späten sechziger Jahren spielte die Unterscheidung von »wahren« und »falschen« Bedürfnissen im Zusammenhang mit der Kritik an der Konsumgesellschaft eine wichtige Rolle. Apel hält den Weg, nur solche Bedürfnisse anzuerkennen, die auf »wahre«, »natürliche« oder grundlegende Bedürfnisse wie Nahrung, Wohnung, Sexualität zurückgehen, für wenig aussichtsreich. Er schlägt statt dessen vor, die subjektiven Bedürfnisse mit dem »Realitätsprinzip«, nämlich den Meinungen der anderen zu konfrontieren.

Eine solche Ethik könnte die Grundlegung einer Ethik der demokratischen Willensbildung darstellen. Dieses Prinzip hat nach Apel allerdings eine *Grenze*, weil es von idealisierten Voraussetzungen ausgehen muß. Die Institutionalisierung solcher Diskurse muß aber immer in einer konkreten geschichtlichen Situation, die durch Interessenkonflikte bestimmt ist, durchgesetzt werden.[8]

Apel schlägt daher einen »Teil B« der Kommunikationsethik vor[9], den er in Anlehnung an Max Weber auch als *Verantwortungsethik* bezeichnet und der für all die Bereiche gelten soll, in denen unter Zeitdruck Gewissensentscheidungen gefällt werden müssen und in denen keine idealen Kommunikationsbedingungen existieren.[10] »So ist es z. B. dem Politiker – und nicht nur ihm – mit Rücksicht auf die zu verantwortenden Konsequenzen oft nicht möglich, das fundamentale Gebot der Kommunikationsethik (wie auch schon der Kantischen Ethik) einzuhalten, *das die Lüge verbietet*.«[11]

Damit ergibt sich die Frage: Sollte man solche Probleme der irrationalen Entscheidung überlassen, oder kann man aus Apels Ansatz nicht doch »wenigstens regulative Prinzipien auch für eine Situationsethik der einsamen Entscheidung« herleiten?[12] Apel nimmt dazu Jean-Paul Sartres alte Frage aus »Ist der Existenzialismus ein Humanismus?«[13] auf, ob man auch in einer kommunikationslosen Situation, die einen zwingt, scheinbar alle moralischen Normen zu übertreten, der Intention nach stellvertretend für die Menschheit handeln kann. Die Antwort ist, daß bei richtigem Handeln im Prinzip jeder Andere, der sich in dieselbe Lage zu versetzen vermag, »seine Zustimmung nachträglich erteilen können« müßte.[14]

Dieses Resultat erscheint einigermaßen formalistisch,

weshalb Apel auch sofort die Frage stellt, ob die inhaltliche Leere dieses Prinzips nicht irgendwie gefüllt werden könne. Dafür ist eine genaue Analyse des »Apriori der Kommunikationsgemeinschaft« erforderlich. Wer argumentiert, setzt nämlich »immer schon zwei Dinge gleichzeitig voraus: Erstens eine *reale Kommunikationsgemeinschaft*, deren Mitglied er selbst durch seinen Sozialisationsprozeß geworden ist, und zweitens eine *ideale Kommunikationsgemeinschaft*, die prinzipiell imstande sein würde, den Sinn seiner Argumente adäquat zu verstehen und ihre Wahrheit definitiv zu beurteilen.«[15] Die ideale Gemeinschaft wird innerhalb der realen Diskurse als Maßstab und Bezugspunkt implizit stets vorausgesetzt. Zwischen beiden gibt es ein Spannungsverhältnis, das Apel als »dialektischen Widerspruch« kennzeichnet[16], der geschichtlich durch die Annäherung der realen an die ideale Kommunikationsgemeinschaft überwunden werden muß. Daraus ergeben sich »zwei grundlegende regulative Prinzipien für die langfristige moralische Handlungsstrategie jedes Menschen [...]: Erstens muß es in allem Tun und Lassen darum gehen, das *Überleben* der menschlichen Gattung als der *realen* Kommunikationsgemeinschaft sicherzustellen, zweitens darum, in der realen die *ideale* Kommunikationsgemeinschaft zu verwirklichen.«[17]

Im Sinne des ersten Teils, der Überlebensstrategie der menschlichen Gattung, hat nach Apels Ansicht sogar eine funktionalistische Systemtheorie wie die Niklas Luhmanns ihre Berechtigung: Die menschliche Gesellschaft darf und muß unter dem Gesichtspunkt der Überlebensstrategie als ein Selbstbehauptungssystem (auch im Sinne von Luhmanns »Reduktion von Komplexität«) analysiert werden.[18] Seinen *Sinn* allerdings erhält ein solches Überlebenskonzept nur durch eine langfristige Emanzipationsstrategie in Richtung auf den zweiten Teil dieses Denkmodells: die ideale Kommunikationsgemeinschaft.

Ein konkretes Engagement in einer bestimmten Situation läßt sich aus diesem Modell nicht ableiten; es lassen sich aber Maßstäbe der Kritik gewinnen.[19] Im Zeitalter der Wissenschaft wird sich auch die Emanzipationsstrategie eines wissenschaftlichen Instrumentariums bedienen müssen. Apel nennt als wissenschaftliche Grundlage vor allem das, was Habermas und er selbst als historisch-hermeneutische Verständigungswissenschaften bezeichnet haben, sowie die kritisch-emanzipatorischen Sozialwissenschaften. Letztere haben eine wichtige Funktion in der »Bildung« der öffentlichen Meinung.[20]

Ist die ideale Kommunikationsgemeinschaft eine Utopie?

Die Zielperspektive der idealen Kommunikationsgemeinschaft trägt utopische Züge. Der Utopiebegriff stand in den sechziger und frühen siebziger Jahren hoch im Kurs, als man Ernst Blochs *Prinzip Hoffnung*[21] begeistert verschlang. Bereits Mitte der siebziger Jahre war der Utopiebegriff im öffentlichen Diskurs jedoch derart diskreditiert, daß jemand, der ihn etwa auf Tagungen noch naiv verwendete, als peinliche Persönlichkeit angesehen wurde. Der Umschlag vom Sympathisieren mit der Utopie zu einem scharfen Anti-Utopismus ist nicht unbedingt allein auf die Tendenzwende des Zeitgeistes nach rechts zurückzuführen, die sich damals vollzog. In den Augen eines kleinen Teils der Philosophen und eines größeren Teils der Journalisten hatten die terroristischen Attentate gut organisierter Gruppen, die aus der Studentenbewegung hervorgegangen waren, die Gefährlichkeit eines Denkens des »Ganz Anderen« erkennbar gemacht. Utopie und Terror wurden als geistesverwandt angesehen, weil auch praktisch erlebbar wurde, daß hoch angesetzte Ziele als Rechtfertigung für extreme Mittel dienten.

Utopismus und schrittweise Reformkonzepte, wie sie sich damals breiter Zustimmung erfreuten, wurden als Wege betrachtet, die einander ausschlossen. In der Linken selbst hatte 1968/69 eine Marx-Rezeption eingesetzt, die Folgen zeitigte. Marx verstand sich als Wissenschaftler und grundsätzlicher Gegner des utopischen Sozialismus. Es braucht kaum erwähnt zu werden, daß diejenigen, die den realen östlichen Sozialismus als Vorbild ansahen, ebenfalls alles utopische Denken verdammen mußten. Für die Anhänger stabiler Institutionen auf konservativer Seite war utopisches Denken ohnehin ein Greuel. Es mutet nur auf den ersten Blick erstaunlich an, daß Arnold Gehlen, der Haupttheoretiker des konservativen Institutionalismus, den sowjetischen Einmarsch in Prag 1968 vollkommen berechtigt fand. Er hatte den Konservatismus nur konsequent zu Ende gedacht.

Robert Spaemann und Hermann Lübbe waren damals die Wortführer der Utopiekritik. [22] Beide äußerten darüber hinaus den Verdacht, »die Zumutung einer solchen Ethik, und gar der Anspruch ihrer Letztbegründung, laufe in der Praxis auf eine Art Robbespierreschen Terror des Ideals hinaus.« [23] Diese Form des Vorwurfs hat eine lange und eindrucksvolle Tradition. Sie ist von Hegel in seiner Kritik an der französischen Revolution entwickelt worden. Das einschlägige Kapitel in seiner *Phänomenologie des Geistes* heißt »Die absolute Freiheit und der Schrecken«. Hegels These: Wenn eine Fraktion sich unter dem Deckmantel des Allgemeininteresses durchsetzt, muß sie alle anderen einem Dauerverdacht aussetzen, dieses Interesse zu verraten. Die kalte Abstraktion des (angeblichen) Allgemeininteresses führt zu einem rein negativen Tun, es ist »nur die Furie des Verschwindens«. Diese Art von Freiheit führt in die Banalität des Guillotinentodes: »es ist [...] der kälteste, platteste Tod, ohne mehr Bedeutung als das Durchhauen eines Kohlhaupts oder ein Schluck Wassers.«[24]

In der modernen, entmythologisierten Fassung durch Spaemann/Lübbe besteht der Vorwurf darin, daß die Anerkennung der Normen in der Demokratie, nicht anders als die Religion, eine völlig private Sache sein müsse. Ihre Institutionalisierung und Inkraftsetzung sei eine glaubensfrei zu regulierende Staatsaufgabe. Der Versuch einer ethischen Letztbegründung müsse dazu führen, daß ein Teil der Gesellschaft, nämlich die linken Intellektuellen, sich die Normenbegründung anmaßten und anderen, die in ihrer Sicht bloß »strategisch« argumentierten, etwa den Vertretern des »militärisch-industriellen Komplexes«, die Kommunikationskompetenz ideologiekritisch absprächen.[25] Man erkennt das Muster von Hegels Argumentation wieder, die durch die Terrorakte gegen Industrielle in den Jahren 1976/77 und auch in den achtziger Jahren bestätigt schien.

Die Schärfe dieser Vorwürfe von Rechtsintellektuellen und auch der eifernde Ton, in dem sie vorgetragen wurden, führte bei der Linken zu empörten Verwahrungen und Gegenreaktionen. Man sah die Republik in Gefahr.[26] Apel wählte einen anderen Weg: den der Selbstrechtfertigung. Die Vorwürfe waren in der Form überzogen und arbeiteten gewiß mit einigen böswilligen Unterstellungen. Aber sie richteten sich immerhin gegen die Kernstruktur der Diskursethik, nicht gegen irgendwelche mißverständlichen Nebensätze. Überdies konnten sie sich auf eine ehrenwerte philosophische Tradition berufen und hatten eine aktuelle politische Plausibilität für sich. Apel hält der Kritik von Lübbe und Spaemann entgegen, daß es zur Moralbegründung nicht ausreiche, in realen Diskursen etwa einen Konsens in Form einer Einigung auf einen gemeinsamen Oberzweck auszuhandeln. Diese Art von Konsensbildung kann »auch von einer Mafia befolgt werden, [...] wobei der gemeinsame Oberzweck der Kontrahenten etwa die ungestörte Abwicklung des Rauschgifthandels sein kann.«[27] Eine ethische Vernunft bedarf deshalb als Maßstab der Orientierung eines Konsenses in einer verallgemeinerten Situation, also des Konsenses aller Betroffenen. Diese Verallgemeinerung trägt unvermeidlich utopische Züge, Ethik und Utopie hängen notwendig zusammen.[28] Der Idealmaßstab der Kommunikationsgemeinschaft ist eine »regulative Idee« im Sinne Kants, gleichzeitig aber noch mehr. Man muß sich nämlich in jeder aktuellen Diskurssituation tatsächlich immer schon so verhalten, als ob die Bedingungen der idealen Sprechsituation gegeben wären. Ohne diese Unterstellung kann kein wirklicher argumentativer Diskurs stattfinden, sondern nur strategisches Handeln. Ganz ohne ein utopisches Moment geht es also nicht. Ein radikaler Anti-Utopismus läuft auf eine nur noch institutionelle, strategische Kommunikation hinaus.

Die Formel von der »herrschaftsfreien Kommunikation« hat nach Apel einen Doppelcharakter. Sie bringt einmal diese »unbestreitbare Unterstellung und ein unverzichtbares ethisches Postulat zum Ausdruck; andererseits kann sie eine gefährliche Utopie signalisieren: eine anarchistische

Schwärmeridee, deren Realisierung in Terror und schließlich in totalitäre Herrschaft umschlagen muß.«[29] Apel nimmt also die Kritik von Spaemann und Lübbe auf und versucht durch eine Unterscheidung zweier Sinndimensionen von Utopie über sie hinauszukommen. Zu seiner Durchführung bedarf der argumentative Diskurs nämlich eines doppelten Schutzes. Der Schutz nach außen ist Sache des Staates. Politische Herrschaft und Erzwingbarkeit des Rechts müssen vorausgesetzt werden. Ein Selbstschutz nach innen ist erforderlich, weil die menschlichen Diskursteilnehmer gewissermaßen immer auch lebendige Selbstbehauptungssysteme darstellen. Deshalb sind Quasi-Herrschaftsfunktionen wie die des Chairman, Diskussionsleiters etc. notwendig. »Die Notwendigkeit dieser beiden Schutz- und Ermöglichungsfunktionen macht den gefährlichen Utopismus der anarchistischen Interpretation der Formel von der ›herrschaftsfreien Kommunikation‹ erkennbar und begründet seine Zurückweisung.«[30] In chaotischen, von antiautoritärem und anti-institutionellem Bewußtsein getragenen Massenversammlungen sind es immer die charismatischen Führer, die sich durchsetzen. Institutionelle Herrschaftsfunktionen sollen also — und das ist nicht mehr im Sinne von Gehlen, Lübbe oder Spaemann — den herrschaftsfreien Diskurs faktisch-politisch ermöglichen. Umgekehrt ist institutionelle Herrschaft nach Apel nur dann gerechtfertigt, wenn sie den argumentativen Diskurs ermöglicht. Der Diskurs wird auf einer vorgelagerten Gedankenebene also gerade als Legitimationsinstanz für alle Institutionen und institutionalisierten Normen verstanden.[31] »Politisch-historisch und juristisch nämlich liegt ein revolutionärer Schritt mit langfristiger Wirkung darin, daß ein Rechtsstaat als Institution sich eine meta-institutionelle

Instanz der diskursiven Legitimation und Kritik leistet und diese selbst schützt und garantiert.«[32]

Die *räsonnierende Öffentlichkeit* mit ihrem Bezug »auf die Menschheit als das uns bekannte Substrat der unbegrenzten Kommunikationsgemeinschaft«[33] wird durch den Staat als partikulares Selbstbehauptungssystem garantiert und steht gleichzeitig immer schon in einem Spannungsverhältnis zu ihm. Der Idee nach weist sie über ihn hinaus. Das ist ihr utopischer Überschuß, der jedoch nie dazu führen darf, »die Erzwingbarkeit des Rechts nach innen und die strategische Selbstbehauptung nach außen gänzlich aufzugeben.«[34]

Verantwortungsethik als Ergänzung — die Lenin-Paradoxie

Die Auseinandersetzung mit Spaemann und Lübbe hat Apel dazu gezwungen, einen eigenen Ansatz politischer Philosophie vorzulegen. Besonderen Anstoß hat er mit einer *Denkfigur* erregt, die er selbst auf einer Tagung 1976 die »Leninsche Paradoxie« genannt hat.[35] Es geht darum, unter nicht-idealen Bedingungen notwendigerweise zu Mitteln der Selbstbehauptung und Durchsetzung greifen zu müssen, die nicht unbedingt dem kategorischen Imperativ Kants entsprechen. Im Sinne von Max Webers Verantwortungsethik ist ein derartiges strategisches Handeln nicht nur unvermeidlich, sondern geradezu verpflichtend, weil man mit einem an der reinen Gesinnung orientierten Verhalten nur Schaden anrichten könnte. Die Formulierung »Leninsche Paradoxie« für dieses Gezwungensein zum strategischen Handeln ist eine Zuspitzung, die ihn, wie sein Freund Habermas sofort warnte, »ins offene Messer« laufen ließ.[36] Hermann Lübbe nutzte die Gelegenheit zu einem rhetorischen Säbelhieb:

»Es ist billig zu unterstellen, daß Apel bei der Entwicklung der Leninschen Paradoxie im Teil B seines Ethik-Entwurfs nicht an Terror als legitimes Mittel der Realisierung der idealen Kommunikationsgemeinschaft gedacht hat. Gleichwohl muß man sich nicht darüber wundern, wenn die Assoziation des Terrors sich einstellt. Immerhin wurde die besagte Paradoxie nach Lenin benannt. Wie Lenin und nach ihm Stalin diese Paradoxie praktisch aufgelöst haben, wissen wir ja. Ihr Terror war nicht ein evolutionärer Unglücksfall im Übergang zum realen Sozialismus und in der Bereitung der Bedingungen des Kommunismus. Der von ihnen praktizierte Terror war vielmehr völlig theoriekonsequent. Man kann das damit gesetzte Problem natürlich verharmlosen, indem man vom Massen-Terror absieht und sich auf die demgegenüber heute rührend wirkenden Machiavellismus bezieht.«[37]

So weit, wie diese Polemik zu belegen scheint, lagen Apel und Lübbe aber keineswegs auseinander. Lübbe kam sehr schnell zu dem Schluß: »Normalerweise illegitime Mittel sind dann und insoweit erlaubt, wenn und als sie zur Begründung von Institutionen erforderlich sind, die nach pragmatischen Kriterien, strategisch-zweckrational, eine freie und friedliche Ordnung des sozialen Lebens zu sichern geeignet sind.«[38] Dies verstand er dann selbst nur mehr als Ergänzung, nicht als Gegenargument zu Apel. Der Diskurs schien sich in Übereinstimmung aufzulösen.

Wenn man allerdings den eben zitierten Satz genau liest, kann man gerade in dieser Zustimmungsformel alle Differenzen zwischen dem konservativen Institutionalisten und dem emanzipatorischen Diskurstheoretiker Apel erkennen.

Für Apel geht es nicht um die Sicherung, sondern durchaus um die grundsätzliche Verbesserung der Institutionen in Richtung auf die Schaffung einer neuen Diskursordnung. Darüber hinaus ist Demokratie für ihn nicht nur ein strategisch-zweckrational verstandener Verfahrensbegriff, sondern sie »hat eine philosophische Grundlage. Sie ist eine approximative Realisierung einer Idee.«[39] Konservatives und progressives Demokratieverständnis stoßen hier also unmittelbar aufeinander. Hatte es anfangs so ausgesehen, als hätte Lübbe bei grundsätzlicher Übereinstimmung mit Apel nur den Schrecknamen »Lenin« zu einem rhetorischen Vorstoß genutzt, stellte sich nachträglich gerade an diesem Beispiel ein noch viel weitergehendes Problem heraus: Apel gab zu bedenken, »daß Lenin das Demokratieprinzip aus einer verständlichen Situation heraus fallengelassen hat.«[40] Dies entspricht einem Anfang der siebziger Jahre in der Linken vorherrschenden Geschichtsbild, das 1976 aber schon durch Solschenizyns Rückführung des Stalin-Terrors auf die leninistischen Anfänge und durch die Rezeption der Lenin-Kritik Rosa Luxemburgs ins Wanken geraten war. Apel blieb deshalb in diesem Punkt unentschieden. Er suchte nach überzeugenden Argumenten, um einen »Machtrealismus« Leninscher Prägung widerlegen zu können. »Dieses Moment, daß der Marxismus das Demokratieprinzip, das bis dahin als selbstverständlich vorausgesetzt war, über Bord geworfen hat — das hängt mit dem neuen Elitegedanken, dem Parteiprinzip usw. zusammen —, dies bringt mich auf etwas Grundsätzlicheres: Es scheint doch ein Kriterium zu sein, das nicht etwas aufzugeben ist, das schon als eine Errungenschaft auf dem Weg in die Richtung liegt, die durch den Imperativ der Realisierung der idealen Kommunikationsgemeinschaft gewiesen ist.«[41]

Es ist geradezu ein Glücksfall, daß Apel in dieser Debatte die Warnung, lieber nicht ins offene Messer zu laufen, ignoriert hat. So ist eine gravierende, aber überwindbare Schwäche seines »machtrealistischen« Teils B der Diskursethik offenbar geworden. Der harten Verteidigung dessen, was Lenin angeblich tun mußte, steht nur eine sehr zögerliche Formulierung des Gegenprinzips gegenüber: keine demokratischen Rechte aufzugeben, weil andere Wege zwar schneller sein mögen, aber in ganz andere Richtungen führen. Die Rede über Lenin war kein ungeschickter Ausrutscher Apels, wie Habermas glaubte. Vielmehr geisterte die »revolutionäre Realpolitik Lenins« damals durch die Debatten selbst der undogmatischen Linken. Im Gegensatz zum konservativen Machtrealismus schien dieser Weg durch die versprochene Zukunft gerechtfertigt. Apels Diskursethik enthält, wie wir gesehen haben, durchaus Elemente dieser Denkfigur: gegebenenfalls durch strategische Mittel der Idee näherzukommen. Im politischen Diskurs der siebziger Jahre mußte Apel zwangsläufig dem Geist Lenins begegnen.

Bei aller Zurückhaltung der Formulierung: das Kriterium, an demokratischen Errungenschaften unbedingt festzuhalten, erwies sich letztlich doch wenigstens in der theoretischen Diskussion als das Mittel, dieses Gespenst zu verscheuchen. Man sollte die Bedeutung solcher Grundsatzdebatten nicht unterschätzen. In ihnen erproben diejenigen, die sich als die zukünftige politische Elite oder doch als deren Theoretiker verstehen, ihre Argumente, die sie ja auch in die Tat umsetzen, wenn sie durch irgendwelche Umstände an die Macht kommen oder an der Macht teilhaben.

Für die weitere Entwicklung von Apels Verantwortungsethik erwies es sich als sehr produktiv, daß er in das Streitgespräch über die Leninsche »Realpolitik« geraten war. Dieser Punkt war für ihn Anstoß und Herausforderung, sehr viel gründlichere Überlegungen zur geschichtsbezogenen Anwendung der Diskursethik anzustellen.

Moralität und Sittlichkeit als Gegensätze

In den vorhergehenden Abschnitten habe ich vor allem das utopische Moment der Diskursethik dargestellt und mit den Argumenten des anti-utopistischen »Verfassungsschützers« Hermann Lübbe konfrontiert. Im folgenden soll ein Blick auf die andere Seite erfolgen, nämlich auf den zu erhaltenden Bereich der *Sittlichkeit*, der sozusagen Vorgabe und stabiler Rahmen für die Verwirklichung von Diskursen ist. Sittlichkeit wird in der philosophischen Diskussion verstanden als jene »Gewohnheiten, Sitten, Institutionen, Lebensformen«[42], die das, was in der Geschichte schon vernünftig geworden ist, auf Dauer stellen. Der Gegenbegriff ist *Moralität*, der die bewußte, neu aufbauende Selbstgesetzgebung der Individuen meint. Hegel hatte an Kant kritisiert, daß dieser einen reinen Standpunkt der abstrakten Moralität vertrete, und statt dessen eine Vermittlung mit der konkreten Sittlichkeit gefordert.[43] Der Hegelianer Vittorio Hösle hat unlängst gegen die Diskursethik geltend gemacht, daß diese postkantisch bzw. fichteanisch auf dem Standpunkt der Moralität verharre. Sie müsse jedoch im Sinne Hegels jetzt in die substantielle Sittlichkeit »aufgehoben« werden.[44] Die Entwicklung der philosophischen Positionen von Kant über Fichte zu Hegel soll hier noch einmal nachgezeichnet werden[45], um die Problematik zu verdeutlichen.

Die Debatte um Moralität und Sittlichkeit hat seit einer einflußreichen Arbeit von Joachim Ritter aus dem Jahre 1966 eine große Bedeutung in der westdeutschen Diskussion erlangt. In den frühen achtziger Jahren hatte sich in Anlehnung an Ritter geradezu eine Schule herausgebildet, die den Standpunkt der Sittlichkeit vertrat und als konservativer Neoaristotelismus gekennzeichnet wurde.[46] Hösle spitzt deren These, daß die bloße Moralität abstrakt sei und daher der konkreten, durch Tradition und Lebenskontext vermittelten Sittlichkeit bedürfe, provokativ zu und wendet ihn direkt auf die Transzendentalpragmatik an. Apels Antwort: Hegel habe auf ein wichtiges Problem aufmerksam gemacht. Seine Konzeption sei allerdings gefährlich und nicht haltbar, weil Hegel an eine Aufhebung der moralischen Distanz gegenüber der konkreten Realität des Staates, wie sie nun einmal ist, dachte. Eine Ethik aber, die das Vorgegebene nachträglich für vernünftig erkläre, würde ihr Spannungsverhältnis zur Wirklichkeit verlieren. Apel besteht deshalb darauf, »daß die philosophische Ethik heute auf die totale Vermittlung des postkantischen Standpunkts der ›Moralität‹ mit der ›substantiellen Sittlichkeit‹ im Sinne Hegels verzichten muß.«[47] Ein »Systemschluß« wie bei Hegel sei nicht möglich. Der »Kreis der Heimkehr des Geistes zu sich selbst« müsse offen bleiben.[48]

Für oder wider den moralischen Universalismus?

In der gegenwärtigen Ethik-Diskussion gibt es eine Art Affekt gegen universalistische Denkansätze, den Apel für eine »Zeiterscheinung im Westen«[49] hält. Es sind drei ganz verschiedene, aus philosophisch-politisch gegensätzlichen Quellen stammende Grundströmungen, die gleichermaßen zur Ablehnung des Universalismus gelangen. Genauer als Jürgen Habermas, der in all dem nur verschiedene Typen des Konservatismus sieht, hat Apel sich um ein Verständnis der drei Strömungen bemüht.

In Frankreich ist es zunächst das Denken Michel Foucaults und Jean-François Lyotards. Foucault hat in seinem letzten großen Werk, der *Histoire de la sexualité* (*Sexualität und Wahrheit*) für eine Ethik des »souci de soi«, der Sorge um sich »im Sinne der Selbstverwirklichung des Individuums in einem schönen Lebensstil plädiert«[50] und im Gegenzug die universalistische Ethik des Stoizismus und Kants abgelehnt, weil es ihr nicht um Selbstverwirklichung, sondern um »Subjektivität« gehe. Lyotards Denken der Heterogenität der Sprachspiele, seine Ablehnung der Konsense ist von ganz anderen Voraussetzungen her gedacht, gelangt aber zu demselben Resultat einer Ablehnung von Allgemeinverbindlichkeiten.[51]

Zu vergleichbaren Ergebnissen wie die philosophische Linke in Frankreich kommt die philosophische Rechte in Deutschland. Gemeint sind vor allem Odo Marquard und Hermann Lübbe als Denker der »Üblichkeiten«.[52] Besonders Marquard hält sowohl Kants Sollensethik als auch die universalistische Diskursethik für unnötige und gefährliche Zumutungen. Er zerlegt den Diskursbegriff in zwei Teile. Im praktisch-parlamentarischen Diskurs gehe es um verbindliche Normen, nicht um Wahrheit. Deshalb könne dort Hobbes' Regel »auctoritas, non veritas facit legem« (die Autorität, nicht die Wahrheit macht das Gesetz) gelten. Daneben steht der interpretative, hermeneutische Diskurs, in dem gilt, »originalitas, non veritas facit interpretationem« (die Originalität, nicht die Wahrheit macht die Interpretation).[53] Das klingt locker, ist aber einigermaßen autoritär. Gegen Marx' 11. Feuerbachthese (»Die Philosophen haben die Welt nur verschieden interpretiert, es kömmt drauf an, sie zu verändern«) setzt Marquard sein Dogma, alles so zu lassen, wie es ist: »Bisher haben die Philosophen die Welt nur verändert; es kömmt drauf an, sie zu verschonen.«[54] Marquard will die Orientierung an den jeweils faktisch geltenden Konventionen. Dieses Denken hat es schwer, auszuschließen, »daß die ›Üblichkeiten‹ der konventionellen Moral unter Umständen auch im Sinne des ›gesunden Volksempfindens‹ der Nazis oder im Sinne eines restaurativen religiösen Fundamentalismus verstanden werden können.«[55] So verwundert es nicht, daß dieses Problem bislang durch Verschweigen erledigt wurde.

Die dritte anti-universalistische Strömung ist der sich selbst als sozialdemokratisch verstehende Pragmatismus Richard Rortys, der sich auf die amerikanische demokratische Tradition John Deweys beruft.[56] Für Rorty gibt es keine allgemeingültige Ethik, sondern nur die ethnozentrische Möglichkeit, anderen Nationen den eigenen, amerikanischen Weg durch Überredung, nicht durch Gewalt zu empfehlen.

Dieser dreifache Affekt gegen die Zumutung universaler, normativer Moralprinzipien findet durchaus Widerhall bei der jüngeren Generation, »insbesondere bei ehemaligen Linken der deutschen und französischen 1968er Szene, deren Sinn fürs Subversive sich inzwischen auf den privaten Bereich zurückgezogen hat.«[57] Kant wird als eine Art Zwingherr des Universalismus mißverstanden. Die Fakten über Kants rigide Selbstdisziplin, die Hartmut und Gernot Böhme in ihrem Buch *Das Andere der Vernunft* zusammengetragen haben, passen in dieses Bild.[58] Die berechtigte Kritik an den zwanghaften Zügen Kants, die für einen psychoanalytisch geschulten Blick offensichtlich sind, sollte aber nicht verkennen, daß er »erstmals in der Philosophiegeschichte zu einem postkonventionellen Universalisierungs-Prinzip«[59] vorgestoßen ist. Kant war damit in der Lage, ein Grundproblem zu lösen, für das Foucault — trotz der faszinierenden Aspekte seines Konzepts authentischer Selbstverwirklichung — blind war: Wie kann ein Zustand geregelt werden, in dem *alle* gleichermaßen ihr Recht auf Selbstverwirklichung und Selbstsorge in Anspruch nehmen?

Darüber, wie die einzelnen leben sollen und was unter einem »guten Leben« zu verstehen ist, können die Philosophen allenfalls Vorschläge machen. Das jedenfalls ist der moderne Standpunkt, den Apel einnimmt. Demgegenüber muß jedoch verbindlich geregelt werden, wie man »dem Pluralismus der verschiedenen Glücksinteressen durch Festlegung gemeinsam anerkannter Normen der Gerechtigkeit Rechnung« tragen kann[60], denn die beiden Bereiche sind komplementär. Die formalen und universalen Moralmaßstäbe sollen die unterschiedlichen persönlichen (und gruppenspezifischen) Selbstverwirklichungsweisen erst ermöglichen.

Kant hatte dieses Problem noch nicht in völliger Klarheit erkannt. Im Grunde aber waren die Trennung des Formalen vom Individuellen und die Konzentration der Ethik auf das erstere bei ihm vorgedacht. Trotzdem klingt bei Kant immer wieder durch, daß sich auch die konkreten Pflichten und Tugenden »letztlich aus dem universalgültigen Prinzip der Moralität deduzieren lassen« müßten.[61] Darin liegt nach Apels Meinung der philosophische Grund für die zwanghaften Momente in Kants Denken. Die Diskursethik hat dieses Problem erkannt und vermeidet es deshalb bewußt, Vorschriften für die konkreten Lebensformen der Menschen zu entwickeln (obwohl sie oft nach solchen gefragt wird). Ihre formalistischen Elemente sind geradezu die Garantie dafür, daß im individuellen Bereich Freiheitsmomente verbleiben. Sie verpflichtet aber »alle einzelnen und alle Gruppen zur verantwortlichen Handlungskoordination und schreibt das Verfahrensprinzip für eine diskursiv-konsensuale Regelung aller Koordinationsprobleme vor.«[62] Der formale Konsens aller Beteiligten bleibt dabei immer das Ziel. Apels Antwort auf Lyotards Hochschätzung des Dissenses als eines Prinzips, das Neues schaffe, ist deshalb: Es würde katastrophale Folgen haben, wenn es in den vielen nationalen und internationalen Gesprächen und Verhandlungen, die praktisch relevante Vereinbarungen anstreben, plötzlich das Ziel wäre, den Dissens statt den Konsens zu suchen.[63]

5. Fallibilismus und Konsenstheorie der Wahrheit

Ein Haupteinwand vor allem des kritischen Rationalismus gegen das Letztbegründungsdenken ist die These von der prinzipiellen Fehlbarkeit der Vernunft. »Fallibilismus ist die Anschauung, daß alle menschlichen Problemlösungsversuche letzten Endes fehlbar sind, und das heißt, jeder beliebige Versuch, irgendwelche Probleme zu lösen, gleichgültig in welchem Bereich.«[1] Aus der Sicht des kritischen Rationalismus gibt es nur Hypothesen, die bis zu ihrer Widerlegung gelten. Dieses Prinzip ist der zentrale Gedanke der Wissenschaftstheorie Karl Raimund Poppers und kann als die heute herrschende Lehre angesehen werden. Gewisse Einwände, z. B. daß auch die Falsifikation von Theorien abhängt oder daß es sinnvoll sein kann, aus pragmatischen Gründen an scheinbar widerlegten Theorien festzuhalten, wenn es keine Alternativen gibt, müssen eher als Ergänzungen denn als Widerlegungen dieses Kerngedankens angesehen werden.[2] Auch Apel akzeptiert diese für den Forschungsprozeß nützliche Regel. Wir werden sehen, daß er — aus logischen Gründen — lediglich eine einzige Ausnahme macht.

Nicht erst Popper, sondern schon Charles Sanders Peirce hatte das Prinzip 1897 in seinem Aufsatz »Fallibilism, Continuity, and Evolution« eingeführt. Er zog damit die Konsequenzen aus der Entwicklung vor allem der Naturwissenschaften, in denen »ein einziges Experiment jede noch so wertvolle Hypothese absolut widerlegen könnte.«[3] Wir können deshalb unsere Hypothesen immer nur provisorisch für wahr halten. Bis zu ihrer *Falsifikation* dürfen wir sie allerdings als praktisch gewiß ansehen. Man nennt dieses Konzept auch Falsifikationismus. Popper und Peirce betrachten im Grunde die Wissenschaftsentwicklung als »methodisch-bewußte Fortsetzung der natürlichen Selektion auf der Ebene des Wissens.«[4] Man kann diese Regel auch als Verbesserungsprinzip des Wissens, also als Meliorismus, bezeichnen. Popper und Peirce unterscheiden sich darin, daß Peirce »in the long run« eine Konvergenz aller Hypothesen im Sinne einer Annäherung an die Wahrheit annahm, während Popper schlicht meint, daß falsche Hypothesen eliminiert werden.[5] Der Hauptunterschied zwischen beiden liegt aber in ihrer Wahrheitstheorie, denn der Maßstab der Falsifikation kann nur die Wahrheit sein. Eine widerlegte Hypothese muß fortan als unwahr gelten. Entscheidend ist daher, welcher Wahrheitsbegriff zugrundegelegt wird. Peirce vertritt — wie fast alle Pragmatisten — eine Konsenstheorie der Wahrheit, Popper dagegen die Korrespondenztheorie der klassischen Tradition: »veritas est adaequatio rei et intellectus« (Wahrheit ist die Übereinstimmung von Gegenstand und Einsicht).

Apel ist mit Kant der Meinung, daß die Korrespondenztheorie der Wahrheit »geschenkt« werden könne.[6] Sie ist nämlich eine reine Namenserklärung. Es kommt vielmehr darauf an, »zu wissen, welches das allgemeine und sichere *Kriterium* der Wahrheit einer jeden Erkenntnis sei.«[7] Konsenstheoretiker wie Peirce, Apel und Habermas suchen keine Definition, sondern dieses Kriterium. Die klassische Korrespondenztheorie ist in ihrem Konzept als Teilmenge schon enthalten.

Peirce ist es gelungen, erstmals den Absolutheitsanspruch der traditionellen metaphysischen Wahrheitstheorie in einer Form zu explizieren, die als Kriterium in Frage kommt. Wahr ist nach Peirce das, was sich letzten Endes als Konsens der unbegrenzten Forschergemeinschaft ergibt. Eine These muß sich also bewähren »im Rahmen der prinzipiell unbegrenzten Experimentier- und Interpretationsgemeinschaft der Wissenschaftler«[8], die durch eine Haltung des »selfsurrender« bereit sind, alle individuellen und sozialen Interessen der Wahrheitsfindung unterzuordnen. Diese unbegrenzte intersubjektive Konsensfindung ist keineswegs unrealistisch gedacht. Die Wissenschaftsentwicklung hat gezeigt, welche immer neuen Wendungen und Erschütterungen von Gewißheiten stattfinden konnten, wie z.B. in der Physik immer neue Theorierahmen geschaffen werden mußten, die an keiner anschaulichen Evidenz und keinen sichtbaren Tatsachen mehr festzumachen waren, sondern nur noch am Konsens der »community of investigators«, der Forschergemeinschaft. Bei Peirce (wie auch bei Popper und Habermas) dient die Dissensbildung durch gezielte Falsifikation oder durch Entwurf alternativer Theorien von vornherein dem Ziel des Konsenses. »Allenfalls unter der empirisch-pragmatischen Voraussetzung einer Konsensbildung unter sozialen System-Zwängen kann man — wie Lyotard — die Dissens-Bildung emanzipativ gegen die Konsens-Bildung ausspielen.«[9]

Wie aber kommen wir von dem sich entwickelnden, immer wieder erschütterten Konsens der Forscher zu einem allgemeinen Wahrheitsbegriff? Peirce gibt darauf folgende Antwort: Man muß als regulative Idee unterstellen, daß letzten Endes eine unbegrenzte, unter idealen Bedingungen arbeitende Forschergemeinschaft zu einer »ultimate opinion«, zu einer letzten Meinung (in Deutschland meist mit »letzte Überzeugung« übersetzt)[10] gelangen wird, die von niemandem mehr bestritten werden kann. Diese »ultimate opinion« muß für uns mit der Wahrheit identisch sein, weil sie die adäquate Repräsentation des Realen wäre. Mehr geht nicht — andernfalls müßte uns die Sicht Gottes verfügbar sein, die im klassischen metaphysischen Wahrheitsbegriff stets vorausgesetzt ist. Peirce selbst gibt zu bedenken, daß die Gattung Mensch durchaus ausgestorben sein könne, ohne die angestrebte »ultimate opinion« erreicht zu haben.[11]

Die regulative Funktion des idealen Konsenses ist dennoch unverzichtbar, weil sie begründet, warum man bis dahin am Fehlbarkeits- und Verbesserungsvorbehalt festhalten muß. Die Semiotik von Peirce war das erste Theorieprogramm, das die Abhängigkeit der Theoriebildung und der möglichen empirischen Einsichten von der Sprache erkannt hat, denn der Konsens läßt sich natürlich nur durch Zeichenkommunikation herstellen. Es ist Peirce gelungen, den internen Zusammenhang zwischen logischen Schlüssen und sprachlicher Weltinterpretation deutlich zu machen.[12]

Ist die Letztbegründung nun sowohl mit dem Fallibilismus als auch mit der Konsenstheorie der Wahrheit vereinbar? Auch die Letztbegründung muß selbstverständlich öffentlicher Kritik ausgesetzt werden. Das heißt für Apel aber nicht, daß sie auch prinzipiell fallibel ist. Und zwar aus folgendem Grund: Wenn man das Fallibilismus-Prinzip auf sich selbst anwendet, ergeben sich seltsame Unbestimmtheiten. Durch penetrantes Nachfragen könnte sich z. B. folgender Dialog ergeben:

»Das Prinzip sagt, daß alles unsicher ist.«
»Aber dies ist sicher: daß alles unsicher ist.«
»Nein, dies ist auch unsicher.«
»Aber daß es unsicher ist, daß alles unsicher ist, ist sicher?«[13]

Ein kritisierbarer Sinn des Prinzips löst sich dabei offenbar auf. Bei Wittgenstein findet sich in *Über Gewißheit* die Einsicht, daß »kein Sprachspiel, in dem sinnvoller Zweifel ausdrückbar sein soll, ohne die Voraussetzung von Gewißheit denkbar ist.«[14] In diesem Fall ist es die Gewißheit des reflexiven Handlungswissens der Argumentation. Denn der Fallibilist würde sich in einen Selbstwiderspruch verstricken, wenn er behauptete: »Auch dies ist natürlich nicht sicher, daß ich eine Hypothese aufstelle.«

Wenn diese Überlegungen zutreffen, läßt sich ein schlüssiges Fallibilismusprinzip nur als gemäßigtes vertreten. Es muß zumindest die Voraussetzungen seiner eigenen Anwendung ausklammern, die denen der Argumentationssituation entsprechen. Apel nennt seine Lehre deshalb auch einen »sinnvollen Fallibilismus«.

Auch die Gegenpartei in dieser Diskussion, die Anhänger der Wissenschaftstheorie Karl Poppers, könnten nach Apels Meinung von dieser Einschränkung profitieren. Die Auflösung der Popper-Schule durch Paul Feyerabends »anarchistische Wissenschaftstheorie« mit ihrem Konzept des »anything goes« beruht auf deren erklärter Absicht, in konsequenter Radikalisierung von Poppers Grundprinzipien auch noch diese letzte Voraussetzung in Frage zu stellen. Damit zerstört Feyerabend jedoch die Unterscheidung zwischen Wissenschaft und Glauben, Theorie und Mythos.[15]

Anzumerken ist, daß man bei der Theoriebildung über die prinzipiell nicht falliblen Diskursvoraussetzungen durchaus irren kann. Apel selbst gesteht ein, daß seine anfänglichen Explikationsversuche der Transzendental-pragmatik noch unbefriedigende Elemente enthielten, die verbessert werden mußten. Man muß unterscheiden zwischen der Gewißheit, Diskursvoraussetzungen in Anspruch nehmen zu können, und der Ungewißheit, ob man sie auch richtig dargelegt und erfaßt hat.[16]

6. Mit Habermas gegen Habermas denken

Apel und Habermas arbeiten eng zusammen. Beide lehren
in Frankfurt; Apel seit 1973, Habermas nach einer zehnjäh-
rigen Unterbrechung seit 1981 wieder. Beide haben in
Bonn studiert und sind in der Nachkriegszeit von Husserls
Phänomenologie und Heideggers Denken zumindest zeitweise geprägt worden. Anders als Habermas hat sich Apel
jedoch nie in das geistige Umfeld der Frankfurter Schule
begeben. Die bei Habermas so charakteristischen Anknüp-
fungen und Anklänge an die eleganten theologischen und
paradoxalen Formulierungen Adornos und Benjamins feh-
len bei Apel völlig. Ein gewisser westlicher Marxismus und
eine sozialdemokratische Grundorientierung sind andererseits gewiß auf den Einfluß seines Freundes Habermas
zurückzuführen. In Frankfurt haben beide des öfteren gemeinsame Seminare abgehalten.

Habermas' Diskursethik geht direkt auf Apels Einfluß
zurück, auch wenn sich ihre Konzeptionen in einigen wichtigen Punkten unterscheiden. Apel hat schon in den sechziger Jahren maßgeblich dazu beigetragen, die in der angelsächsischen Philosophie vorgeprägte linguistische Wende in
der deutschen Gegenwartsphilosophie nachzuvollziehen.
Habermas hat sich in den siebziger Jahren angeschlossen.
Nur auf diese Weise konnte überhaupt erst sein großer Entwurf einer *Theorie des kommunikativen Handelns* zustandekommen. Die entwicklungspsychologische Moraltheorie
Lawrence Kohlbergs (vgl. Kap. 2) ist ein weiterer gemeinsa-

mer Bezugspunkt. Ihre philosophischen und politischen Anliegen gehen in die gleiche Richtung. Dennoch gehören Habermas und Apel weder in ihrem Selbstverständnis noch in der öffentlichen Wahrnehmung in die gleiche Schublade, ohne daß man zu jedem Zeitpunkt hätte sagen können, worin denn nun der Unterschied zwischen ihnen bestehe.

In der Festschrift zum 60. Geburtstag von Jürgen Habermas hat Apel nun den zentralen Dissens ausführlich dargelegt.[1] Dieser Punkt ist der folgende: Habermas glaubt, gemeinsam mit den meisten derzeit lebenden Philosophen, daß es ausreicht, auf faktisch nicht bezweifelbare Hintergrundressourcen der lebensweltlichen Verständigung zurückzugehen. Wirkliche Letztbegründung ist aus seiner Sicht nicht möglich. Er vertritt deshalb nur eine »schwache Version« des transzendentalphilosophischen Ansatzes.[2] Apel dagegen nimmt an, daß der philosophische Diskurs gerade bei der Suche nach faktischen, geschichtlich zufälligen Gewißheiten *neuartige Hintergrundvoraussetzungen* in Anspruch nehmen muß: nämlich die nicht mehr geschichtlich zufälligen, sondern unbestreitbaren universalen Voraussetzungen der Verständigung.[3]

Habermas schreibt: »Es gibt keine Metadiskurse in dem Sinne, daß ein höherer Diskurs einem untergeordneten Diskurs die Regeln vorschreiben könnte. Diskurse regeln sich selbst. Diskurse sind grundsätzlich offen.«[4] Der Leser wird längst erraten haben, was Apel hiergegen anführt. Habermas' Sätze enthalten seiner Ansicht nach einen performativen Selbstwiderspruch, weil sie ganz offenbar für sich in Anspruch nehmen, zu sagen, »wie es sich überhaupt verhält«.[5] Sie sind Sätze eines Metadiskurses, behaupten aber, daß es diesen nicht gibt. Es ist für Philosophen außerordentlich schwierig, nach Apels Meinung sogar unmöglich, auf die Formulierung von Aussagen auf der höchsten denkbaren Reflexions- und Allgemeinheitsstufe zu verzichten.[6] Dies sei nun einmal ihre Aufgabe, die, wenn sie verleugnet werde, die schönsten Paradoxien und Selbstaufhebungen hervorbringe.

Dies ist nur ein Beispiel für ein grundsätzliches Problem bei Habermas. Er möchte verbindliche universale Maßstäbe anlegen, aber diese im Kontext, in der Geschichte, im Zufall dessen, was sich so ergeben hat, *auffinden*. Er möchte »kritische Unbedingtheit ohne Fundamentalismus«.[7] Habermas' antifundamentalistische Begründungsstrategie beruht auf zwei Argumentationsfiguren. Von diesen ist die erste nach Apels Ansicht ergänzungsbedürftig, die zwei völlig inkonsistent und überhaupt nur als Folge der fehlenden Ergänzung der ersten erklärbar.[8]

Die erste Argumentationsfigur bei Habermas lautet: Es gibt kein wertneutrales Verstehen. Man muß immer schon, wenigstens implizit, universale Geltungsansprüche anlegen und die Gründe, die für oder gegen sie sprechen, wertend beurteilen. Die vier Geltungsansprüche sind bekanntlich: Wahrheit, Wahrhaftigkeit, normative Richtigkeit und — als Voraussetzung für die übrigen — Verständlichkeit der Äußerung. Im Fall der normativen Richtigkeit, also des ethisch relevanten Geltungsanspruchs, bedeutet das: alle darauf bezogenen Sprechakte (Bitten, Forderungen, Vorschläge etc.) appellieren schon an die Gleichberechtigung und Solidarität der idealen Sprechsituation oder idealen Kommunikationsgemeinschaft. Diese kontrafaktische Vorwegnahme kann realgeschichtlich durchaus als Motiv für die Beförderung von Lern- und Rationalisierungsprozessen dienen. Mit diesem Argument wird die spekulative Geschichtsphilosophie des »Fortschritts im Bewußtsein der

Freiheit« (Hegel) auf den Boden der Diskursrealität geholt. Dennoch ist dieser Boden der Diskursrealität bei Habermas und Apel grundsätzlich verschieden. Bei Apel sind es die letztbegründeten Voraussetzungen, die jeder Argumentationsteilnehmer immer schon machen muß, z. B. Gewaltfreiheit, Anerkennung des Anderen usw. Habermas möchte ohne sie auskommen und bezieht sich statt dessen auf die Diskurse in der Lebenswelt.

Bei Habermas, und das ist das zweite Argument, liegt jedoch der verschwiegene Rest einer spekulativen Geschichtsphilosophie vor. Er glaubt, daß eine Letztbegründung überflüssig ist, und ersetzt sie durch die These, daß *die Realität selbst* zu den Diskursen dränge. Für Habermas enthält die lebensweltliche Kommunikation schon alles, was nötig ist. Eine prinzipielle Verneinung der in sie eingebauten Verständigungsziele würde auf pathologische Selbstzerstörung hinauslaufen. [9] Die lebensweltliche Kommunikation ist sozusagen üblich geworden, sie gehört in den Bereich der Sittlichkeit (vgl. Kap. 4). Eine Letztbegründung der Moralität ist deshalb nicht erforderlich. Es reicht aus, daß ohne eine immer schon gelebte Sittlichkeit der Diskurse das gesellschaftliche Leben zusammenbrechen und der einzelne sich selbst zerstören würde. [10] Habermas möchte also den Intuitionen des moralischen Alltags vertrauen.

Nach allem, was eingangs über die Zerstörung des moralischen Selbstbewußtseins im Nationalsozialismus dargelegt wurde, ist offenkundig, daß Apel diesen Weg nicht mitgehen kann. Die geschichtliche Erfahrung hat bei ihm zu einem tiefen Mißtrauen gegenüber dem Common sense geführt. Das Resultat, in das Habermas' Überlegungen münden, hat nicht nur Apel, sondern »auch viele andere Habermas-Kenner schockiert bzw. ratlos gemacht.« [11] Ich will diese berühmt gewordenen und vieldiskutierten Passagen, in denen Habermas' Begründungsprogramm genaugenommen zusammenbricht, hier zitieren:

»Am Letztbegründungsanspruch der Ethik brauchen wir auch nicht mit Rücksicht auf deren präsumtive Relevanz für die Lebenswelt festzuhalten. Die moralischen Alltagsintuitionen bedürfen der Aufklärung des Philosophen nicht. In diesem Falle scheint mir ein therapeutisches Selbstverständnis der Philosophie, wie es von Wittgenstein inauguriert worden ist, ausnahmsweise am Platz zu sein. Die philosophische Ethik hat eine aufklärende Funktion allenfalls gegenüber den Verwirrungen, die sie selbst im Bewußtsein der Gebildeten angerichtet hat — also nur insoweit, wie der Wertskeptizismus und Rechtspositivismus sich als Professionsideologien festgesetzt haben und über das Bildungssystem ins Alltagsbewußtsein eingedrungen sind. Beide haben die im Sozialisationsprozeß naturwüchsig erworbenen Intuitionen mit falschen Deutungen neutralisiert; unter extremen Umständen können sie dazu beitragen, die vom Bildungsskeptizismus erfaßten Akademikerschichten moralisch zu entwaffnen.«[12]

Die Verwirrungen im Bewußtsein der Gebildeten, die die Philosophen selbst angerichtet haben sollen, ohne die entstandene Leere mit einer neuen, universalistischen Moral zu füllen, lassen sich unter Rückgriff auf Lawrence Kohlberg relativ leicht als Verirrung auf der »Krisenstufe 4 1/2 der Moralentwicklung« erklären (vgl. Kap. 2). Nach Kohlberg ist heute noch für ca. 80 Prozent der Menschen in den westlichen Industriegesellschaften die konventionelle Moral maßgebend. Hier liegt genau das Problem, denn die Binnenmoralen von Staaten und Nationen erweisen sich heute angesichts globaler Bedrohungen als gefährlich unzulänglich. Vorphilosophische, also konventionelle Solidaritätsgefühle waren auch die Grundlage jener völkischen Binnenmoral[13], die so fatale Konsequenzen hatte.

Apel ist der Auffassung, daß die eben zitierte Habermas-Passage im Grunde nicht mit dem Grundtenor seines sonstigen Denkens übereinstimme und eine Art »Trotzreaktion«[14] angesichts der vermeintlichen Aussichtslosigkeit einer Letztbegründung in der Ethik darstelle. »Grundtenor« meint die Zielperspektive, den aufklärerischen Anspruch von Habermas, der das Vorgefundene zugunsten eines Besseren verändern will und daher Begründungen braucht. Der Methodik von Habermas entspricht die eben zitierte Stelle aber durchaus — das gesteht auch Apel zu. Habermas versucht nach Möglichkeit philosophische, für ihn abstrakte Begründungen zu ersetzen durch den Rückgriff auf die Lebenswelt, auf die »faktisch funktionierende Sittlichkeit des kommunikativen Handelns«[15], wie sie sich historisch entwickelt hat und weiter entwickelt. Dies ist jedoch ein fehlerhafter logischer Zirkel bzw. ein naturalistischer Fehlschluß: Etwas, das sich ohnehin entwickelt, wird als das Gesollte angesehen. Da sich aber faktisch alle möglichen Tendenzen entwickeln können, und auch autoritäre Gegentendenzen von Befehl und Gehorsam immer möglich sind, ist der Rückgriff auf die Lebenswelt allein nicht ausreichend. Man muß innerhalb der tatsächlich sich ergebenden Entwicklungstendenzen unterscheiden zwischen dem Erstrebenswerten und dem, was man besser vermeiden oder verhindern sollte. Ohne verallgemeinerungsfähige Kriterien ist dies freilich unmöglich, weil man diese Kriterien nicht einfach den Prozessen entnehmen kann, die sich ohnehin von selbst vollziehen. Sie müssen dem Reich des Sollens, nicht der Welt des Seienden entnommen werden.

Genau in diesem Punkt liegt der entscheidende Unterschied zwischen Habermas und Apel. Habermas will die Letztbegründung gewiß deshalb vermeiden, weil er sie für einen Rückfall in dogmatische Metaphysik hält.[16] Er wirft Apel vor, daß er zwar den Paradigmenwechsel von der Bewußtseins- zur Sprachphilosophie entschieden gefördert habe, aber doch von Gewißheitserlebnissen träume, die nur unter den Bedingungen der längst überholten Bewußtseinsphilosophie möglich waren.[17] Apel hingegen betont, daß er niemals eine vorsprachliche »Erlebnisgewißheit« im Sinne von Descartes' »Ich denke« in Anspruch genommen habe. Er greife nur auf »die zu einem Sprachspiel zugehörige, bereits sprachlich interpretierte«[18] Handlungsgewißheit zurück, die durch Reflexion entdeckt und mobilisiert werden könne. In der reflexionsphilosophischen Einstellung sieht Apel gerade seine Stärke. Bestimmte Grundprobleme werden so nämlich von vornherein vermieden: »Die vielberufene logische Dilemma-Situation, daß man das Moralisch- bzw. Vernünftig-Sein-Sollen nicht rational begründen könne, weil dies das zu Begründende schon voraussetzen würde, kann für uns gar nicht eintreten, da die transzendental-pragmatische Letztbegründung ja in der *reflexiven* Vergewisserung der notwendigerweise schon anerkannten Prinzipien der Vernunft besteht.«[19] Kein Wunder deshalb, daß Hans Albert sich gegen den »Zauber der Reflexion« gewandt hat.[20] Und Heideggers Problem, in diesen Zirkel zuerst einmal hineinzugelangen, kann Apel ebenfalls leicht lösen: Sobald man beginnt, ernsthaft zu argumentieren, befindet man sich bereits mittendrin.

Apels Denken bedarf aus seiner Sicht keiner metaphysischen Annahmen. Die klassische Metaphysik hatte einen ganz anderen Begriff von Begründung: nämlich den der Ableitung von etwas aus etwas anderem. Dazu wurden nicht nur deduktive, sondern auch induktive und sogar abduktive Ableitungsverfahren erdacht und erprobt. Die Reflexivität hat mit diesen drei Ableitungsverfahren nichts gemein. Die Suggestion, Letztbegründung sei »heute überholt«, ist nicht haltbar, weil sie keineswegs an die in der Tat gescheiterte Metaphysik gebunden ist. Zum andern steckt in dieser Suggestion selbst eine verborgene Metaphysik, nämlich die Unterstellung, daß der Gang der geschichtlichen Notwendigkeit die Reflexion aufs Letzte überflüssig gemacht habe. Wieso eigentlich?

All diese Behauptungen lassen sich nur in argumentativen Diskursen aufstellen und rechtfertigen. Deshalb ist Apel sicher, daß die kritisch-reflexive Philosophie solche Suggestionen überleben wird — auch wenn es so aussieht, als hinge selbst Habermas ihnen an. [21]

7. Apels Antwort an die Postmoderne

Nach der Diagnose von Lyotard steckt das Denken der Naturwissenschaften und der Philosophie seit dem Ende des 19. Jahrhunderts in einer »Grundlagenkrise«. Sein Begriff »crise de fondement«[1] kann auch als »Begründungskrise« übersetzt werden. Die Wissenschaftsentwicklung hat alle scheinbaren Evidenzen, jeden festen Halt weggefegt. Gewißheit wurde letzlich nur noch gesucht in der beständigen Perfektionierung der mathematisch-logischen Denkinstrumentarien. Hiergegen setzt Lyotard sein Resümee aus der Diskussion der Wissenschaftstheorie: »Russells Aporie, Hilberts Scheitern und Gödels Beweis drücken die Unmöglichkeit dieser Aufgabe aus: das Aufstellen der Regel vollzieht sich nicht innerhalb solcher Regeln. Für den Logiker ist diese Unmöglichkeit gebunden an die Paradoxie selbstrefentieller Aussagen.«[2]

Wo solche Paradoxien auftreten, behilft man sich mit Verbotsregeln. Russell etwa verbietet in seiner Typentheorie selbstbezügliche Aussagen, und philosophische Ganzheitsansprüche werden als metaphysisch abgewiesen. »Begründungsansprüche werden per Dekret uninteressant.«[3] Die Formulierung Lyotards zeigt schon an, daß er von einem derartigen Vorgehen nichts hält. Er lobt statt dessen Apel, der in einer präzisen Argumentation gegen die Unmöglichkeit der Letztbegründung an die »offene Wunde« der Grundlagenfrage gerührt habe.[4] Lyotard verlagert dann aber seinerseits das Problem auf eine eigentümliche Weise, die an Heidegger angelehnt ist. Möglicherweise hätten die Wissenschaftstheoretiker ihr »Verbrechen« nicht an der rationalen Rechtfertigung begangen, wie Apel glaube, sondern vielmehr an der sinnlichen »Gebung«, an dem, »was sich zeigt«. Lyotard sieht selbstverständlich, daß bei Apel (wie schon bei Peirce) vor der sinnlichen Wahrnehmung immer schon die Argumentation steht. Er hält Apel jedoch entgegen, daß jeder Argumentation, die auf Wirklichkeit bezogen sei, das Moment des »Zeigens« abverlangt werden müsse. Gerade wenn, wie Lyotard in *Das postmoderne Wissen* betont, das Entscheidende am Erkenntnisprozeß nicht so sehr die Suche nach einem Konsens als vielmehr die Fähigkeit ist, den Dissens hervorzubringen, müssen »Tatsachen« produziert werden, Möglichkeiten von − auch überraschenden − Ereignissen. »Die Naturwissenschaftler, die das ›Zufall‹, ›Kontingenz‹ oder ›Erfindungsgeist‹ nennen, sind dafür viel empfänglicher als K.-O. Apel. Dies deshalb, weil sie in der empirischen Pragmatik verhaftet sind und nicht in der transzendentalen.«[5] Sie müssen ein Außen, ein Außerhalb der argumentativen Sphäre annehmen.

Lyotards zweites Argument gegen Apel hält dessen Gedanken, daß das transzendentale Sprachspiel die Meta-Institution aller möglichen menschlichen Institutionen sein könne, für einen »Totalismus Hegelscher Inspiration«.[6] Seiner Ansicht nach ist dieser Totalitätsanspruch in doppelter Weise falsch. Zum Erkenntnisdiskurs gehöre mehr als nur die Argumentation, etwa auch die vielen Sprachspiele des Überredens, Zeigens, Siegenwollens, Sichtbarmachens und Gefallenwollens. Entweder sei die Diskursrationalität nur ein Teilsprachspiel unter anderen, so daß es vermessen und irrational wäre, einen solchen Anspruch zu erheben. Oder man müsse unter »rational« die »Pragmatik« und die »Evidenzen« verstehen, die jede Art von Sprachspiel enthielten. Dann aber seien die irrationalen Sprachspiele in diesem Sinne eben doch rational. Durch Apels Totalitätsanspruch gerate sein Rationalitätsbegriff ins Wanken.

Der vom naturwissenschaftlichen Denken her kommende erste Einwand Lyotards greift indes zu kurz, weil er die Grundeinsicht von der »Theoriegeleitetheit« aller Wahrnehmung nicht berücksichtigt. Jede Wahrnehmung muß sich vor dem Begriffssystem der Forschergemeinschaft ausweisen und kann auch nur von diesem her verstanden werden. Jenseits dessen gibt es nur Irritationen, wie sie z. B. der berühmte Taubendreck auf einem Teleskop auslösen kann, das dadurch Beobachtungen macht, die vor der »scientific community« jedoch nicht dauerhaft standhalten.

Lyotards zweiter Einwand entspricht in seiner Struktur dem ersten, der auf das *Außen der Argumentation* bezogen war. Hier geht es um das *Außen der rationalen Diskurse* bzw. die *nichtrationalen Diskursarten*. Deren begründende und Legitimation schaffende Leistungen sind nun in der Tat geringer. Bei einer Meinungsverschiedenheit wird auch derjenige, der auf das »Argument aus dem Bauch« setzt, doch immerhin eine rationale Begründung dafür vorbringen müssen, warum man in diesem Fall auf sein Gefühl hören solle. Nur in einem solchen Kontext (der nicht immer ausdrücklich ausformuliert werden muß) bekommt ein Verweis auf Gefühl und Intuition eine argumentative Funktion. Lyotards Versuch, die »ideale Gefühlsgemeinschaft«[7] an die Stelle der idealen Kommunikationsgemeinschaft zu setzen, trägt Züge von Trauer und Melancholie, weil »die Ästhetik, d. h. die Empfänglichkeit für die Gebung des Anderen nach räumlichen und zeitlichen Formen, die

die Grundlage für die kritische und romantische Moderne abgibt, sich zurückgedrängt, geschwächt und zum Widerstand gegen die tatsächliche Vorherrschaft der wissenschaftlich-technischen und pragmatischen Vereinnahmung des Zeit-Raumes gezwungen sieht.«[8] Beinahe ist es eine Art Sorge vor dem allzu stürmisch voranschreitenden Begründungszwang von Apels Philosophie, die Lyotard zu bewegen scheint. Die unbestimmte Idee des Gemeinsinns gerät ihm ins Schwanken, weil Logizismen das Gefühl überlagerten, der Verstand die Anschauung überwältige, Kalküle und Simulationen die Vorherrschaft in den Geistestätigkeiten übernähmen.[9]

Solche Bedenken mußten die Gegenkritik Apels herausfordern. Vor allem wendet er sich gegen die Forderung, Dissens statt Konsens anzustreben.[10] Schon die paradoxale Formulierung stört ihn. Apel möchte »auf den typisch postmodernistischen Stil aufmerksam machen, dem es — wie mir scheint — gar nicht um argumentative Klärung von Problemen geht, schon gar nicht um das Vermeiden von Selbstwidersprüchen, sondern um die ästhetisch-rhetorische Provokation durch bewußt produzierte Paradoxien.«[11] Ein Diskussionspartner, der gegen eine solche Argumentationsweise opponiert, könne sich »leicht den Vorwurf des mangelnden ›esprit de finesse« oder gar des mangelnden Humors«[12] einhandeln.

Zieht man die empörte Haltung dieser Stilkritik ab, die Lyotard wohl zu der Replik gebracht hätte, hier sei eine Diskurspolizei am Werk, trifft Apel durchaus den Kern von Lyotards Thesen. Solange die Forderung nach Dissens auf den Erkenntnisfortschritt der Wissenschaft bezogen bleibt, ist sie nichts anderes als die Forderung nach dem Neuen. In Apels Denken wie in den Forschungsprozessen selbst ist solch innovativer Dissens durchaus vorgesehen. Löst man diesen Gedanken aber vom Bezug auf einen möglichen Erkenntnisfortschritt oder die Gemeinschaft der Argumentierenden, verabsolutiert man ihn also, indem man auf die institutionell vorgegebenen Konsensformen verzichtet, dann bleibt der reine, sinnlose Dissens. »Sogar die nur aus ästhetischen oder Unterhaltungsgründen gepflegten Sprachspiele und Lebensformen würden sich nicht mehr frei entfalten können, wenn nicht in anderen Diskursformen ernsthaft um den Konsens über Interessen und über Geltungsansprüche gerungen würde.«[13]

Aus diesen pragmatischen Gründen hält Apel Lyotards zentrale These vom Ende der »großen Erzählungen« und der Metaerzählungen für »maßlose Übertreibungen«. »Was mir tatsächlich überholt erscheint, ist das von Hegel, Comte und Marx suggerierte *Wissen* von einem notwendigen Gang der Geschichte als einem Fortschritt«.[14] Die einheitliche menschliche Geschichte, einst mehr ein Glaubensinhalt, vollzieht sich ökonomisch und technisch in einer derartigen Intensität, »daß das Scheitern ihrer politisch-rechtlichen Organisation, das Lyotard einfach unterstellt, auf eine kaum ausdenkbare Katastrophe hinauslaufen würde.«[15] Mit anderen Worten: Wir haben gar nicht mehr die Wahl, ob wir an die kosmopolitische Weltgeschichte und den Fortschritt hin zu zwischenstaatlichen Organisationsformen glauben wollen oder nicht. Wir müssen ihn vielmehr anstreben und auch erreichen, um nicht unterzugehen.

An dieser Stelle ist eine Bemerkung zu Apels Postmoderne-Kritik im Vergleich zu der von Habermas angebracht. Bemerkenswert ist, daß Apel auf Klassifizierungen und Etikettierungen verzichtet. »Neokonservatismus« ist für ihn kein Vorwurf. Er bemüht sich um hermeneutisch korrekte Interpretationen postmoderner Positionen und prüft diese durch das Gedankenexperiment einer pragmatischen Anwendung auf ihre Schlüssigkeit. In Stil und Rhetorik seiner Argumentationspartner vermag er sich ungewöhnlich gut hineinzudenken, wenn man zum Vergleich heranzieht, was sonst in Deutschland, etwa von Manfred Frank oder Richard Saage, gegen Lyotard vorgebracht wird. Vor allem aber hat Apel keinerlei Berührungsängste gegenüber dem Begriff »Postmoderne« selbst. Er hätte z. B. nichts dagegen, seine eigene Konzeption eine »postmoderne Ethik« zu nennen[16], weil sie in der Tat eine bestimmte Fixiertheit des klassischen modernen Denkens auf das Individuum zugunsten der postkonventionellen Diskursgemeinschaft überwindet. Sogar mit der postmodernen Vernunftkritik sympathisiert er ein Stück weit und meint, daß seiner eigenen Theorie der Rationalitätstypen vielleicht »selbst etwas Postmodernes« anhafte: »[...] etwas Postmodernes jedoch nicht im Sinne der totalen Vernunftkritik, sondern im Sinne einer Kritik der neuzeitlichen Bewußtseinsphilosophie, deren Logos-Vergessenheit in der Nichtreflektierung ihrer sprachlich-kommunikativen Voraussetzungen besteht.«[17]

Der Grundfehler der großen Vernunftkritiker Nietzsche, Heidegger, Horkheimer und Adorno, Foucault und Derrida ist nach Apel ihr totalisierender Ansatz. Eine Kritik, »die als Kritik Sinn und Gültigkeit haben soll, muß — so sollte man meinen — doch selbst noch die intersubjektiv verbindliche Vernunft [...] voraussetzen und in Anspruch nehmen.«[18] Eine Vernunftkritik, die nicht selbstwidersprüchlich wäre, müßte von einer inneren reflexiven Selbstdifferenzierung der Rationalitätstypen ausgehen. Kant hat diesen Weg mit seiner Unterscheidung von Verstand und Vernunft schon vorgezeichnet.

Von welchem Standpunkt aus kann diese Selbstdifferenzierung vollzogen werden? Folgt man Apel, so ist dies nur möglich durch die natürliche Sprache als pragmatisch letzte Metasprache, in der man über die anderen Sprachen reden kann — ganz ähnlich übrigens, wie es Lyotard in *Der Widerstreit* praktiziert. Dieser Weg ist, soviel ist deutlich, nicht vor Selbstwidersprüchen, gar Antinomien geschützt. Der argumentative Diskurs in der natürlichen Sprache muß deshalb alles tun, um Widersprüche, besonders performative Widersprüche, also solche zwischen den verschiedenen Ebenen von Sprache und Metasprache, zu vermeiden. Diese Regel gehört zu den nach Apel letztbegründeten Regeln des argumentativen Diskurses, die in ihm immer schon vorausgesetzt werden müssen. Sie gibt ein gutes Mittel an die Hand, Heideggers Vernunftkritik zu widerlegen.

Die Globalthese des an Heidegger orientierten Postmodernismus ist bekanntlich, daß die Vernunft (der logos) selbst nur die subjektbezogene Entsprechung der Entbergung des Sinns von Sein sei, die sich im Rahmen des »Seinsgeschicks« vollziehe. Die Vernunft ist demnach nur ein Produkt des Seins. Apels Antwort auf Heidegger lautet: Diese Vernunft kann — bei Strafe des performativen Selbstwiderspruchs — nicht mit derjenigen identisch sein, an die mit dem Geltungsanspruch dieser Globalthese appelliert wird. Nicht »die Vernunft« kann geschichtlich relativiert werden, sondern nur ein eingeschränkter Untertypus, z.B. die »instrumentelle Vernunft«, »der Verstand« oder welche Teilklasse man auch immer bilden will. Immer gibt es ein Außerhalb, auf das die Geltungsansprüche solcher Aussagen gerichtet sind und ohne das sie keinen Sinn machen. Dieses Außerhalb ist der allgemeine Begriff von Vernunft.

Die von Heidegger und in anderer Form von Max Weber angedeutete Gleichsetzung des abendländischen Rationalisierungsprozesses ausschließlich mit wissenschaftlich-technischer, d.h. instrumenteller Rationalität stellt für Apel »eine grobe Vereinfachung und insofern eine Verfälschung der Verhältnisse«[19] dar. Der Naturwissenschaftler mache zwar die Welt zum Gegenstand wertneutraler Faktenerklärung. Er müsse aber zugleich Mitglied der »scientific community« sein, einer Verständigungsgemeinschaft also, in der die Regeln der gewaltfreien Konsensbildung unter Gleichberechtigten gelten. Nach Apel steht die Vernunftform der intersubjektiven Verständigung deshalb in einem Komplementärverhältnis zur instrumentellen Wissenschaftlichkeit.

Auch die dritte These der postmodernen Philosophie, die auf Heidegger zurückgeht, aber vor allem von Foucault vertreten wird, enthält eine grobe Vereinfachung. Es ist der Gedanke, daß Kants Philosophie des transzendentalen Subjekts eine Vorstufe zu Nietzsches »Wille zur Macht« sei. Der »Wille zur Wahrheit« sei deshalb nichts anderes als der Machtwille. Da Kants transzendentales Subjekt aber zumindest *auch* Repräsentant der nur gewaltfrei einzulösenden, universalen Geltungsansprüche des Argumentierenden ist, ergibt sich ein performativer Selbstwiderspruch, wenn es gleichzeitig der Wille zur Macht sein soll. Offenbar muß man analytisch trennen zwischen der Dimension des menschlichen Machtwillens, die im technisch-wissenschaftlichen Erkenntnisinteresse steckt, und der Dimension des Wahrheits-Anspruchs, die immer auf intersubjektive Verständigung und Konsensbildung angewiesen bleibt.[20]

Apel bietet den methodischen Weg der Selbstdifferenzierung der Vernunft geradezu »als Alternative zur totalen Vernunftkritik des Postmodernismus«[21] an, weil jene ihre eigenen Geltungsansprüche nicht einholen könne, während der Weg der Reflexion auf die unhintergehbaren Voraussetzungen der Diskursrationalität immer offen sei. Apel versucht, die Überlegenheit seines eigenen Denkansatzes also weniger in der Polemik zu erweisen als vielmehr in der Aufarbeitung und Auflösung jener Fragestellungen, die vom postmodernen Denken an die Philosophie herangetragen worden sind.

8. Politik und Ökonomie in Apels Philosophie

Zu aktuellen politischen Ereignissen hat Apel sehr viel seltener und viel weniger spektakulär Stellung genommen als Jürgen Habermas. Er ist jemand, der eher zurückschreckt »vor der Erwartung sehr konkreter politischer Antworten«: »Ich traue Herrn Eppler die größere Kompetenz zu.«[1] Seine Diskursethik ist aber dennoch als politische Konzeption gedacht. Es ist daher auch nicht verwunderlich, daß das wichtigste Ereignis der Nachkriegsgeschichte, das Ende des bürokratischen Sozialismus, ihn zu einer Stellungnahme motiviert hat.

Die philosophischen Konsequenzen dieses Ereignisses sind gewiß ebenso fundamental wie seine politischen und gesellschaftlichen.[2] Der Zusammenbruch des bürokratischen Sozialismus hat nicht nur politisch den Kalten Krieg, die bedrohliche Konfrontation der Militärblöcke, beendet. Auch eine Gestalt der Philosophie ist damit an ihr Ende gekommen: die spekulative Geschichtsphilosophie. Gegen sie haben Philosophen wie Karl Popper, Jean-François Lyotard, Hans Jonas und André Glucksmann in fast jeder Hinsicht recht behalten. Karl Popper mit seiner Kritik an der scheinwissenschaftlich begründeten unerbittlichen Entwicklungslogik vom Feudalismus über den Kapitalismus zum Sozialismus/Kommunismus.[3] Lyotard mit seiner Kritik an den »großen Erzählungen«.[4] Hans Jonas mit seiner Ablehnung des utopischen »Prinzips Hoffnung« zugunsten des Selbstzweckcharakters jeder geschichtlichen Gegenwart.[5] Glucksmann mit seiner Kritik der »Meisterdenker«, deren große Konzeptionen die Menschen metaphysisch überrollen, ohne daß sie noch eigens gefragt werden müßten.[6]

Apel folgt diesen Philosophen allerdings nicht in allen Punkten. Für ihn ist der bürokratische Sozialismus zwar ebenfalls gescheitert, nicht aber sein ursprüngliches Anliegen: die im Weltmaßstab zu realisierende *soziale Gerechtigkeit*. Und gegen Lyotards Kritik an der Geschichtsphilosophie hält Apel an der Fortschrittskonzeption Immanuel Kants fest, die jener in seiner *Idee zu einer allgemeinen Geschichte in weltbürgerlicher Absicht* (1784) formuliert hatte. Bereits für Kant war entscheidend, daß internationale Konflikte nicht mehr in Kriegen, sondern durch die Schiedsrichterrolle einer weltweiten Föderation gelöst werden und daß sich »ein allgemeiner weltbürgerlicher Zustand« entwickeln soll, in dem »alle ursprünglichen Anlagen der Menschengattung entwickelt werden.«[7] Kants Denken ergibt eine *Zielperspektive*, aber keine pseudowissenschaftlich abgeleitete Gewißheit des Geschichtsziels, wie sie dann für das 19. und 20. Jahrhundert charakteristisch wurde.

In Apels philosophischer Sicht weist der bürokratische Sozialismus vor allem drei Paradoxien auf:

1. In der Planwirtschaft soll das Recht auf Arbeit verwirklicht werden. Die naturwüchsige Konkurrenz wird abgeschafft und durch staatliche Maßnahmen künstlich erzeugt. Damit werden die Sachzwänge allerdings nicht beseitigt, sondern nur durch direkte Herrschaftszwänge ersetzt. Der Fortschritt vom Feudalismus zum Kapitalismus wird auf diese Weise rückgängig gemacht. Die Ge-

sellschaft wird refeudalisiert, der Staat als Privateigentum behandelt — wie beim Adel des Mittelalters. Ceaucescus Rumänien war dafür ein besonders prägnantes Beispiel, aber auch die Vermischung von Privat- und Staatsbesitz bei den führenden SED-Funktionären in der DDR.

2. Der Sozialismus wollte die Verwaltung von Sachen an die Stelle der Herrschaft von Menschen über Menschen setzen. Tatsächlich aber wurden die Menschen dabei selbst wie Sachen behandelt, nämlich als Objekte der Sozialtechnologie. Statt des »Absterbens des Staates«, von dem Engels und sogar Lenin in *Staat und Revolution* gesprochen hatte, wird der totale Planungsstaat geschaffen, der übermächtig ist und letztlich an seiner Ineffizienz scheitert.

3. Charakteristisch für den Sozialismus ist ein noch tieferliegender Widerspruch des neuzeitlichen Denkens überhaupt, nämlich der Widerspruch des totalen Reduktionismus. Die aufgeklärte Vernunft beweist der Vernunft, daß sie eigentlich durch etwas anderes, objektiv Mächtigeres bestimmt ist, nämlich durch die gesellschaftlichen Verhältnisse. Dieses Denken ist heute noch für die Systemtheorie charakteristisch. Einsichten der Vernunft über ihre Grenzen werden zu einer totalen Selbstentlarvung überdreht. Die zugrundeliegende Denkfigur des Reduktionismus ist gewiß eine Berufskrankheit des vereinfachenden Denkens: Ein Meisterdenker, der einige ökonomische und gesellschaftliche Bedingungsfaktoren des Denkens ideologiekritisch erkannt hat, beweist den übrigen Menschen, daß ihre Vernunft durch äußere Faktoren gesteuert wird. Da dies inakzeptabel ist, ruft er sie dazu auf, ihm zu folgen und genau diese Faktoren umzu-

stürzen. Der Reduktion fällt zum Opfer, daß er selbst seine Einsicht nur durch Denkprozesse gewonnen haben kann, die nicht automatisch denen der übrigen überlegen sein müssen, sondern dies nur durch eine Art Selbstermächtigung werden. Daher die Glaubensgewißheit, die religiösen Züge bei den meisten Sozialisten und allen Kommunisten. Ein gelegentlicher Zynismus ist sozusagen nur die jesuitische Spielart solcher Sozialtheologie.

Eigentlich ist nur der von Lenin so geschmähte »Sozialdemokratismus« diesem Fehler entgangen und hat stärker auf die kommunikative Vernunft der Menschen gesetzt. Der marxistisch-leninistische Reduktionismus hielt sich statt dessen an die wissenschaftliche Einsicht der Experten und nicht an die Überzeugungskraft der Argumente. Solches Denken entspricht eher Machiavellis Ausnutzen der »occasiones«, der günstigen Gelegenheiten, und dem Voluntarismus, jetzt endlich »das Richtige« zu tun, auch wenn die beschränkten Massen »noch längst nicht so weit sind«, womöglich gar etwas ganz anderes wollen. Das Leninsche Expertentum der Berufsrevolutionäre teilte die Gesellschaft in die Subjekte (die revolutionären Kader) und die Objekte (die Massen). Dieses Subjekt/Objekt-Denken ist das Gegenteil einer gleichberechtigten kommunikativen Vernunft und erklärt das im Normalfall außerordentlich zynische Verhältnis des elitären Leninismus zum öffentlich-parlamentarischen Diskussionsprozeß. Gerade in diesem Punkt sind die Fehler und katastrophalen Folgen des Elitismus heute endgültig offenkundig geworden.

Damit ist erkennbar: Expertenwissen kann allenfalls den Charakter eines prinzipiell fehlbaren Diskussionsbeitrags haben, aber zu keiner Führung auszeichnen. Im Osten wie im Westen muß man auf die kommunikative Vernunft der

Menschen als mündige Bürger setzen. Die offenen Diskussionen der Bürger haben Priorität gegenüber allen Erklärungen aus den Verhältnissen. Das ist philosophisch gemeint: Letztinstanz sind die nicht Verhältnisse, sondern die Diskurse.

Dieser scheinbar lapidare und übersichtliche Gedanke hat eine enorme Tragweite. Für diejenigen, die in den Jahren nach der Studentenbewegung von 1968 politisch und philosophisch sozialisiert worden sind, dürfte er sogar eine Infragestellung ihres angelernten Weltbildes bedeuten. Damals begeisterte man sich für zwei Reduktionslehren: die marxistische Ideologiekritik und eine gesellschaftlich gewendete (also nicht bloß individualtherapeutische) Psychoanalyse. Mit diesen manchmal grob, manchmal subtil gehandhabten Folterwerkzeugen konnte man jeder anderen Meinung die ihr zugrundeliegenden sozialen Interessen oder die sie verursachenden narzißtischen usw. Störungen abpressen. War die Rückführung (Reduktion) gelungen, galt die andere Meinung als widerlegt.

Aus Apels Sicht dagegen gilt allein das kommunikative, von beiden Seiten akzeptierte Resultat. In der Individualpsychoanalyse ist dies nicht anders. Der Analytiker kann Deutungen vorschlagen; eine therapeutische Wirkung entfalten sie aber im Prinzip nur dann, wenn sie vom Patienten auch angenommen werden. Vor allem: Der Patient hat sich freiwillig in Behandlung begeben. Eine gesellschaftlich gewendete Psychoanalyse dagegen kann — wenn sie mehr sein soll als nur ein Diskussionsbeitrag — mit ihren Entlarvungsgesten dazu beitragen, die Gegenredner zu Objekten der (pseudo-)wissenschaftlichen Deutung herabzusetzen.

Innerhalb des Diskurses können derartige Argumente durchaus eine Rolle spielen und bei den Beteiligten eine

Einsicht auslösen, z. B. folgender Art: Ich habe diesen Gedanken nur deshalb für richtig gehalten, weil ich dieses bestimmte Interesse damit verbunden habe. Generell aber gilt: Nicht eine derartige Reduktion, sondern der argumentative Diskurs selbst stellt die politische und philosophische Letztinstanz dar, die solche Einsichten überhaupt ermöglicht. Alles hat sich vor unserer Diskussion durch Argumente zu rechtfertigen, übrigens auch »die Wahrheit«. In diesem Punkt sieht Apel die auch philosophische Chance für eine Art von Neuanfang zwischen »Ost« und »West«.

Welche Argumente kann das westliche Denken nun auf akademischer Ebene den östlichen Intellektuellen nach dem Zusammenbruch des Marxismus-Leninismus anbieten? Derzeit gibt es drei große Ethik-Konzeptionen:

1. Die universalistische Prinzipienethik der Gerechtigkeit in der Tradition von Kant.
2. Die pragmatischen und neoaristotelischen Ethiken des guten Lebens.
3. Die ontologisch-metaphysische Ethik des Prinzips Verantwortung, wie sie Hans Jonas vertritt.

Der Vorteil der ersten Konzeption ist, daß sie gleiche Rechte und Pflichten für alle festlegt. Die zweite Richtung ist im universitären Bereich zur Zeit gewiß die dominierende. Die Rede von der substantiellen Sittlichkeit, die Ablehnung des moralischen Universalismus, gibt es in den Vereinigten Staaten in Gestalt des sogenannten »Communitarianism«, aber auch bei Richard Rorty, der sich auf die kontingente Konsensbasis der amerikanischen Tradition bezieht. Auch Michel Foucaults Konzept der antiken »Selbstsorge« anstelle des stoisch-christlichen Universalismus gehört in diesen Kontext.

118

Dieses Denken artikuliert gern und häufig das Gefühl der Überforderung durch eine postkonventionelle planetarische Moral. Wir leben in einer zunehmend kommunikativ vernetzten Weltgesellschaft, die uns oft vor die Anforderung stellt, uns moralisch über Geschehnisse zu empören, die weit außerhalb unseres üblichen Gesichtskreises liegen − z.B. über die Zerstörung der tropischen Regenwälder. Hungerkatastrophen mögen demgegenüber noch direkter nachvollziehbar sein und werden deshalb von den Menschen meist auch als sehr viel unmittelbarere Aufforderung zum Handeln, etwa zum Spenden, wahrgenommen. Es scheint aber so, daß es als Zumutung empfunden wird, sich ständig weltgesellschaftlich, universal zu orientieren. Der Rückzug auf Partikularitäten ist demgegenüber in gewisser Weise verständlich, vermag aber die universalen Herausforderungen nicht angemessen zu beantworten.

Die Verkehrsformen der traditionellen Moral, auch die Sittlichkeit im Sinne Hegels sind auf unmittelbare Gegenseitigkeitsbeziehungen in geradezu anschaulicher Weise gegründet. Der Universalismus dagegen ist weniger anschaulich, abstrakt. Er entspricht aber der Komplexität der internationalen Interdependenzen, wie sie sich nun einmal historisch herausgebildet haben. Der Universalismus hat inzwischen durchaus auch seine Institutionen: die Hunderte von Gremien, Beratungen, Expertenkonsultationen und Debatten, die überall auf der Welt täglich stattfinden. Oft sind dies keine idealen Kommunikationsgemeinschaften, sondern Verhandlungen mit Vorteilsangeboten und Nachteilsdrohungen, die strategisch geführt werden. Dennoch manifestiert sich in ihnen zumindest ansatzweise die Diskursrationalität. Vor allem dort, wo Verhandlungen im Scheinwerferlicht der Kommunikationsmedien, der

Öffentlichkeit stattfinden, müssen sie sich wenigstens den Anschein geben, als herrschten diskursive Vernunftargumente vor.

Dieser Anschein von Diskursivität, dem sich inzwischen meist auch Diktatoren formell unterwerfen (während Hitler bekanntlich aus dem Völkerbund austrat), ist eher ein Zeichen der Stärke als der Schwäche von Diskursrationalität. Im Lichte einer kritischen Weltöffentlichkeit findet hier eine Form von »Glasnost« statt. Wenigstens dem Anspruch nach müssen sich die Beratungsteilnehmer an der Gleichheit aller Betroffenen orientieren. Auch wenn man dies belächeln oder ideologiekritisch in Frage stellen mag: Die Orientierung am Diskurs war noch nie in der Geschichte in solchem Maße verbreitet wie heute. Die Verhältnisse drängen zu den Diskursen.

Die in der Tat formale und damit auch abstrakte Diskursethik ist, so gesehen, ein Konzept, das sehr bewußt eine angemessene Antwort sucht auf die anonymen und abstrakt gewordenen Anforderungen einer planetarischen Moral, denen unsere traditionelle institutionelle Moral längst nicht mehr gewachsen ist — genausowenig wie unsere unmittelbaren moralischen Empfindungen. Eine Vernunftethik darf heute nicht mehr auf dem »moral sense«, den moralischen Empfindungen der einzelnen, aufbauen, sondern muß auf die abstrakter gewordene wissenschaftliche Vernunft zurückgreifen. Damit, und das sei dieser Gedankenführung Apels hinzugefügt, nimmt auch die traditionelle Zuständigkeit der Theologen für ethische Fragen ab. Ihre konventionell orientierten Antworten sind den Problemen immer weniger gewachsen. Fragen der an der unmittelbaren Lebensführung ansetzenden Sexualethik werden beispielsweise mit den Überlebensproblemen der

Menschheit zusammengeworfen und durch inadäquate Gebote, etwa beim Verbot vernünftiger Geburtenkontrolle, zu einer Ursache von Not und Elend.[8]

Im Kern enthält Apels philosophisch begründete Forderung der Konsensbildung das formale »Grundprinzip einer *Ethik der Demokratie*«.[9] Ein Fundamentalbereich unserer Gesellschaft ist bisher von diesen Konsensbildungsprozessen freilich ausgenommen: die Ökonomie. Hier gelten allein die Gesetze des Marktes. Apel stellt fest, daß sich jedoch zur Zeit eine Tendenzwende in der Geschichte der Wirtschaftswissenschaften abzeichnet. In den Anfängen der klassischen politischen Ökonomie, so bei Adam Smith, der ja Moralphilosoph war, spielten ethische Prämissen noch eine wesentliche Rolle. In der Abwehr der Thesen von Marx, der bekanntlich seine Kritik der politischen Ökonomie an den Klassikern Adam Smith und David Ricardo entwickelt hat, bildete sich eine »reine«, d.h. szientistische, vom Anspruch her wertfreie Wirtschaftswissenschaft heraus. Heute wird deutlich, daß ein Verständnis ökonomischen Handelns, das völlig von ethischer Normierung absieht, letztlich doch nicht möglich ist. Auf Tagungen und Konferenzen, in Sammelbänden und Seminaren wird gegenwärtig das Thema *Wirtschaftsethik* breit abgehandelt. Peter Ulrich hat in seinem Buch *Transformation der ökonomischen Vernunft*[10] den Versuch unternommen, in Anlehnung an Apels *Transformation der Philosophie* die Prinzipien der Diskursethik auf die Wirtschaftsverfassung anzuwenden. Ulrich betrachtet die Diskursethik als »universale Minimalethik.«[11] Er zeigt, daß private Verfügungs- und Aneignungsrechte als Kommunikationsbeschränkungen interpretiert werden müssen.[12] Es geht ihm darum, zum einen aus lediglich Betroffenen auch diskursiv Beteiligte der Wirtschaftsprozesse zu machen, zum anderen Verfügungsrechte zu neutralisieren und demokratischer Kontrolle zu unterwerfen.[13] Ulrich lehnt sich dabei an Ota Šiks Modell einer Wirtschaftsdemokratie an. Er stellt sich eine »offene Unternehmensverfassung« vor, in der es zu einer »Versöhnung von ökonomischer Rationalität und ethischer Vernunft« kommt.[14]

Karl-Otto Apel war durch diesen Versuch etwas irritiert, weil er einerseits mit Ulrichs Umsetzungsversuch seiner eigenen Gedanken sympathisierte, andererseits aber »die geradezu ungeheuerlichen Idealisierungen«[15] erkannte und auch zugeben mußte, daß diese Idealisierungen »tatsächlich in der Konsequenz des Prinzips einer Kommunikationsethik« liegen.[16] Nun könnte man diese Idealisierungen natürlich als regulative Prinzipien im Sinne Kants deuten, denen »nichts Empirisches jemals völlig korrespondieren kann«. Im Grunde wäre dies aber eine Vereinfachung, weil es sich bei Wirtschaftsunternehmen grundsätzlich um strategisch angelegte Selbstbehauptungssysteme handelt, die »bei Strafe des eigenen Untergangs«, wie Marx das zu formulieren pflegte, im Sinne ihrer Erhaltung und Expansion handeln müssen.

Apel kommt zu dem Ergebnis, daß es begrifflich unzulänglich wäre, das formal-prozedurale Begründungsprinzip der Diskursethik hier direkt anzuwenden. Angemessen ist die Begrifflichkeit seines »Teils B«, in dem der grundlegende »Teil A« durch ein Ergänzungsprinzip wirklichkeits- und wirtschaftstauglich gemacht wird. Dieses Ergänzungsprinzip muß berücksichtigen, daß die Ausdifferenzierung des Wirtschaftssystems unter eigenen Handlungsimperativen ein Fortschritt war. Wer diesen Fortschritt nicht rückgängig machen will, kann nicht so tun, als sei die Marktsteuerung in unserer gegenwärtigen Wirtschaftsverfassung tatsächlich unter die Kontrolle der kommunikativ-ethischen Rationalität der Menschen zu bringen. [17]

Apel versucht, zwischen der direkten solidarischen Kontrolle der Wirtschaft, wie sie bei Ulrich (und bei Marx, der von einer »freien Assoziation der Produzenten« sprach), vorgesehen ist, und der verabsolutierten wirtschaftlichen Systemrationalität, wie sie etwa bei Niklas Luhmann vorliegt [18], einen Mittelweg zu finden. Die systemrationalen Formen der Wirtschaftswissenschaft vermögen gerade den funktionalen »Eigensinn« des Ökonomischen adäquat zu erfassen. Eine kommunikative Rationalität hätte sie nicht zu ersetzen oder zu verdrängen, sondern in den *Gesamtkontext einer kritischen Sozialwissenschaft* zu stellen. [19] Diese müßte an der ethisch-kommunikativen Rationalität festhalten und deren Vermittlung mit dem gesetzmäßig-wirtschaftswissenschaftlichen Problemverständnis der traditionellen Ökonomie leisten.

Gerade solche Anwendungsversuche auf hohem intellektuellem Niveau zeigen den außerordentlich anregenden Charakter der Diskursethik, aber auch die prekäre Balance, die bei der Handhabung der Idealisierungen gehalten werden muß. Unsere Ökonomie ist von allen Prozessen der Gesellschaft gewiß der diskursfremdeste, weil hier Hierarchien und exklusive Verfügungsrechte am ausgeprägtesten sind. Ihre Leistungsfähigkeit besteht offenbar gerade darin, daß sie in der Lage ist, in quasi naturwüchsiger Weise einige Grundfragen der Gesellschaft zu lösen, ohne auf diskursive Prozesse angewiesen zu sein. »Jede Gesellschaft muß auf irgendeine Weise darüber entscheiden, wer reich und wer arm sein soll, wer Befehle erteilen und wer sie empfangen soll, wer die von der Allgemeinheit als begehrenswert erachteten Positionen innehaben und wer sich mit den weniger begehrenswerten Aufgaben und Tätigkeiten begnügen soll.«[20] Dieses Verteilungssystem legitimiert sich allein dadurch, daß die Mehrheit dabei besser fährt und wesentlich mehr Dinge produziert werden, als wenn über das alles erst diskutiert werden müßte.

Das Verhältnis von Diskursethik und Wirtschaft wird in den nächsten Jahren noch von einer Reihe weiterer wissenschaftlicher Arbeiten behandelt werden. Es bedarf aber keiner Prophetengabe, sondern nur eines nüchternen Urteils, um zu prognostizieren, daß dabei nicht viel herauskommen wird, weil die Struktur des Wirtschaftssystems selbst diskursfremd ist. Andererseits läßt sich der Markt durchaus als Kommunikationsprozeß interpretieren, und die rechtliche Garantie gleicher Bedingungen, die Ablehnung von Monopolen und Kartellen läßt sich gewiß auch diskursethisch begründen. Überall dort, wo im Wirtschaftsprozeß Konferenzen und dergleichen stattfinden, gelten Diskursregeln — hinter denen sich allerdings immer die Entscheidung durch Weisungsbefugnis und der Systemzwang zum Bestehen am Markt überdeutlich zeigen.

Resümee und Ausblick

Bei einer Schlußbetrachtung zu Apels Philosophie wird der Leser eine Aussage darüber erwarten, was sich nach inzwischen fast 20 Jahren Diskussion von seinem Letztbegründungsargument und der daraus folgenden Moralbegründung als haltbar erwiesen hat. Eine solche Stellungnahme ist natürlich auch wieder nur ein Beitrag zum Gesamtdiskurs. Deshalb möchte ich sie nicht als von der Autorität des Kenners getragenes Resultat verstanden wissen. Sie ist bewußt als Kette von Argumenten formuliert, die der Leser Schicht für Schicht prüfend erwägen mag: eben als resümierende Zwischenbilanz. Um eine solche ziehen zu können, sollte man sich möglichst freimachen sowohl von dem festen Glauben, Letztbegründung sei prinzipiell unmöglich, als auch von dem Gefühl, ohne einen solchen Haltepunkt nicht leben bzw. denken zu können. Dann ergibt sich, daß Apels hermeneutisches Fragen die Voraussetzungen aufgedeckt hat, die man, wenn man argumentieren will, notwendig machen muß. Er hat eine Sprache gefunden für die stillschweigenden Implikationen des Diskurses. Seine Philosophie ist deshalb so bedeutsam, weil in der Entwicklung unserer Gesellschaften die Traditionen und Üblichkeiten immer mehr durch bewußte Argumentationsprozesse verdrängt werden.

Der Letztanspruch, den Apel damit verbindet, ist jedoch so nicht haltbar. All die Implikationen, die er aufgeführt hat, gelten *nur dann, wenn man argumentieren will,* wenn man also rational sein will. Kant nennt dies den »hypothetischen Imperativ«. Im Unterschied zum kategorischen Imperativ gilt er nicht absolut, nicht voraussetzungslos. Apel wendet immer wieder sehr viel Rhetorik auf, um diese Differenz zu überwinden. Er möchte eine wirkliche, absolute Letztbegründung liefern. Die Argumente kreisen aber im Letztbegründungszirkel, und in diesen Zirkel gelangt nur der, der sich mehr oder weniger bewußt zur Rationalität entschieden hat. Das ist die willentliche »Bekräftigung der Einsicht im Sinne einer Entscheidung fürs Moralischsein«[1], ohne die es auch bei Apel nicht geht.

Treibt man Apel in diesen argumentativen Engpaß, wird er antworten, daß die *Verpflichtung* zum Vernünftigsein aber *unbedingt* gelte. In jeder Moralphilosophie sei es möglich, solchen Verpflichtungen zuwiderzuhandeln, wie man überhaupt gegen alle Gebote, sogar göttliche, immer schon habe verstoßen können, ohne daß diese dadurch ungültig geworden wären. So gesehen, wäre das Problem nur für die Praxis beunruhigend. Apel übergeht es deshalb fast beiläufig. Zu Unrecht, wie ich meine, denn bei ihm ist der *Wille* zum Moralischsein nicht nur die Voraussetzung dafür, daß die schon geltenden Gebote auch eingehalten werden. Er ist auch Voraussetzung für die Begründung selbst, nämlich als Bereitschaft, sich auf argumentative Diskurse einzulassen. Die Gebote der Diskursethik gelten überhaupt erst durch den Diskurs und setzen insofern die Bereitschaft zum Argumentieren immer schon voraus. Das »Moralischsein« im Sinne Apels steckt in dieser Bereitschaft.

Philosophisch gesehen ist die »willentliche Bekräftigung« kein bloß praktisches Folgeproblem der Umsetzung und Einhaltung von moralischen Regeln, sondern schon ein Problem der Voraussetzungen, der Theorie selbst. Selbstverständlich hat Apel recht: Wer sich auf eine solche Debatte einläßt, hat die Diskursregeln schon stillschweigend akzeptiert. Im Begründungszirkel ist also auch derjenige gebannt, der ihn bestreiten will.

Der Bann solcher Zirkel allerdings löst sich, sofern man an ihnen nicht teilnimmt, sondern als Beobachter auf sie blickt. Dazu eine Geschichte von den Anfängen experimenteller Naturwissenschaft in London. Hinter den verschlossenen Türen der Royal Academy hatte man begonnen, verschiedene Aussagen des Aristoteles über die Natur zu prüfen. Aristoteles galt seit seiner Rezeption durch die scholastische Philosophie im Hochmittelalter bis zum Beginn der Neuzeit als *die* philosophische Autorität der Kirche. Bei ihm hatte man die etwas apokryphe Bemerkung gefunden, daß eine Spinne einen Kreidekreis, den man um sie zeichne, nicht verlassen werde. Offenbar hatte das bis zur Renaissance niemand überprüft. Die Royal Society probierte es aus. Ihr Protokoll vermerkt: »And the spider ran out.«

Jede wirkliche *Entscheidung* entläuft dem Bann des Diskurses, weil in sie ein nichtdiskursives Restelement eingeht, das sich nicht wegbeweisen läßt. Sich auf den Diskurs einzulassen, gar seine Ergebnisse zu akzeptieren, ist eben immer auch eine Entscheidung, die wiederum an vielen Stellen revidiert werden kann. Das ist der *Restdezisionismus*, der bei Apels Philosophie übrigbleibt.

Apel hat ebenso wie Habermas einen Abscheu vor jeder Form von Dezisionismus. Ein großer Teil ihres Argumentierens versucht, ihn auszuräumen. Wie sich am Problem der »willentlichen Bekräftigung« zeigt, gelingt das nicht. Es ist eine rhetorische Verharmlosung des Problems, wenn man es als bloßes Folge- und Umsetzungsproblem von Ethik ansieht und seine Bedeutung für die Begründung leugnet. Ihre moralbegründende Funktion gewinnen die Diskurse erst *mit* dem guten Willen zur Rationalität. Ohne ihn kommen sie entweder nicht zustande, der Befehl bzw. die Weisung, also die Autorität, treten an ihre Stelle, oder sie sind nicht herrschaftsfrei.

Diese philosophische Kritik am Letztbegründungsargument macht die Diskursethik meines Erachtens jedoch nicht schwächer, sondern stärker. Sie wird haltbarer, wenn sie ihre metaphysische Übersteigerung aufgibt. Ist nämlich einmal die Entscheidung zum Argumentieren vollzogen, gelten auch die Folgerungen daraus. Die Diskursregeln sind dann verbindlich und verpflichtend. Das Recht, gehört zu werden, das jeder hat, geht auf die Gleichheit und Freiheit der Menschen zurück. Die Diskurse sind die allgemeinste und noch unbestimmte Form, die diese Elementarrechte annehmen. Nichtdiskursive Entscheidungen für und über andere, wie Weisungen etwa im Bereich der Wirtschaft und Befehle (im militärischen Bereich) haben im *politischen Bereich* keine Geltung mehr. Die traditionellen Legitimationen (Gottes Gnade, das Ziel des Sozialismus, die Ehre der Nation, die Überlegenheit einer Rasse) werden nur noch in unterentwickelten Ländern akzeptiert, und selbst dort kaum je kampflos.

Die Diskurstheorie ist eine starke Theorie gerade durch das *Faktum der Diskurse*, d.h. durch die Tatsache, daß diese weltweit in zunehmendem Maße als angemessenes Konzept der Gesellschaftsbegründung und als Strategie der Konfliktlösung angesehen werden. Neben dem weltweiten Erfolg der Demokratien sprechen eine Menge vernünftige, pragmatische und plausible Gründe für diesen Weg. Apels

»elenchos« (vgl. S. 64) ist keineswegs falsch. Er trägt in Diskursen immer dann, wenn man jemanden darauf hinweisen will, daß er die Regeln einhalten muß, weil er sonst in Widerspruch zu den von ihm immer schon in Anspruch genommenen Voraussetzungen gerät. Er ist, so gesehen, wesentlicher Bestandteil einer philosophisch fundierten Rhetorik des Diskurses.

Gerade der missionarische Anspruch, mit dem Apel seinen Grundgedanken bis heute vorträgt, hat der Debatte ihre intellektuelle Schärfe und Präzision gegeben. Seine Letztbegründungsperspektive vermittelt eine Extremsicht, die die Konturen der grundsätzlichen Problematik besonders scharf hervortreten läßt. Aus diesem Grund, und nicht wegen des metaphysischen Anfangspunktes, lohnt sich die Beschäftigung mit Apel.

Es spricht für die Intuition von Jürgen Habermas, daß er sich den Argumenten seines Freundes in der Frage der Letztbegründung nicht angeschlossen hat. Die Widersprüche, die Apel ihm nachweist, dürften sich durchaus mit Habermas' eigenen Mitteln lösen lassen. Die *Diskursethik* ist tatsächlich — auch und gerade in der nicht letztbegründeten Version — leistungsfähiger, als Habermas anzunehmen scheint. Ethik läßt sich durchaus diskursiv begründen — allerdings nicht letztbegründen. Das Sich-Einlassen auf den Diskurs ist ein Akt des Vertrauens, mit Popper gesprochen: »an act of faith«, eine Bereitschaft, den Anderen oder die Andere zu akzeptieren.

Neue Theorien, neue Gedanken pflegen in ihrer heroischen Phase, wenn sie gegen eine Welt von Traditionalisten, Szientisten, Positivisten und wie die »Schurken« im Stück sonst benannt sein mögen, durchgesetzt werden müssen, ihre eigenen Erklärungsmöglichkeiten und die aus ihnen zu ziehenden Konsequenzen zu überschätzen. Heute, nachdem die großen Diskussionsschlachten geschlagen sind, zeichnen sich bescheidenere Zielvorstellungen und vor allem eine Hinwendung zur *Diskurspraxis* ab. Sie stellt den lebensweltlichen Ausgangspunkt der Theorieentwicklung dar und sollte auch das Ziel und die Aufgabenstellung der Theorie bestimmen. Eine konsequenz- und praxisfrei gedachte, reine transzendentale Ethik würde den Sprung in die Praxis nur über die persönlichen (Vor-) Urteile des durch sie bekannt gewordenen und deshalb zur Konsultation herangezogenen Gelehrten schaffen. Die Regierungsberatungsrolle bestimmter Philosophen in der Bundesrepublik ist bisher kaum aufgearbeitet worden.[2] In der Erforschung und Aufarbeitung ihrer Einflüsse, Einflußmöglichkeiten und gescheiterten Einflußnahmen auf die Politik dürfte in den nächsten Jahren indessen eine wichtige Aufgabe der Selbstreflexion liegen.

Apel hat immer wieder betont, daß hier, im Bereich des Politischen, nicht die reine Diskursethik, sondern die Verantwortungsethik zuständig sei. Da dies so oft betont wird, reizt natürlich das Gedankenexperiment: Was wäre, wenn in Teilen der Gesellschaft vielleicht doch Diskurse nach allen Regeln des Idealzustands geführt würden? Wenn man das Ideal einmal nicht für »selbstverständlich nie erreichbar« erklären, sondern es einfach ausprobieren würde? In der Außenperspektive der Gesellschaft müßte eine Gruppe, die dies praktizieren wollte, als eine Art Diskurssekte erscheinen. Der Begriff »Sekte« hat in einer zur Rhetorik des Machtrealismus neigenden Umwelt einen abschätzigen Klang. Es empfiehlt sich aber, ihn an dieser Stelle etwas differenzierter zu lesen und z. B. daran zu denken, daß die Frühchristen und die frühen Frauenrechtlerinnen zwangsläufig zunächst als Sekte und sektenhaft auftraten und erschienen. Nicht jede Sekte muß auf Dauer der Ort von Sonderdiskursen bleiben — sie kann auch eine Vorwegnahme später üblicher Diskursformen praktizieren, sozusagen den Vorschein auf die kommende Diskurswelt.

Wie also könnte eine verwirklichte Diskurspraxis im Sinne von Apel aussehen? Ein wichtiger Hinweis darauf findet sich in seinem Aufsatz »Das Sokratische Gespräch und die gegenwärtige Transformation der Philosophie«.[3] Er hat diese Gedanken zuerst auf dem Symposium einer stillen, freundlichen und fortschrittlichen Gruppe vorgetragen, vor Anhängern Leonard Nelsons, die heute das »Sokratische Gespräch« als Diskursform praktizieren und kultivieren. Leonard Nelson (1882-1927) war der Begründer des ethischen Sozialismus und des Internationalen Sozialistischen Kampfbundes. Sein schulbildendes Denken überdauerte den Nationalsozialismus im dänischen und englischen Exil sowie im Untergrund, prägte Teile des Godesberger Programms der SPD von 1959 und einige ihrer führenden Politiker. Die Idee des Sokratischen Gesprächs, das schon in Nelsons politischer Organisation eine wichtige Rolle einnahm, wurde von Gustav Heckmann weiterentwickelt. Heute ist es eine ausgefeilte Technik des Wechsels von Sachgespräch und Metagespräch, mit Regeln, wie sie auch in der amerikanischen Gesprächsgruppentherapie, etwa der Themenzentrierten Interaktion nach Ruth Cohn, gelten. Zur Illustration will ich einige Regeln zitieren:

Regeln für das Sachgespräch

Für die Teilnehmer/innen
1. Sag Deine eigene Meinung!
2. Sprich Deine Gedanken in kurzen, klaren Sätzen aus!

3. Faß dich kurz!
4. Hör genau zu!
5. Sprich Deine Zweifel aus, spiel aber nicht den advocatus diaboli!

Für den Leiter oder die Leiterin
1. Halte Deine eigene Meinung zurück!
2. Sorge für wechselseitige Verständigung!
3. Verfolge den roten Faden!
4. Achte darauf, daß im Konkreten Fuß gefaßt wird!
5. Strebe ein Ergebnis an!
6. Zeig Wege auf — formal, aber nicht inhaltlich!

Regeln für das Metagespräch

1. Jedes Unbehagen, welches das Sachgespräch stört, muß geäußert werden!
2. Frag danach, ob während des Sachgesprächs die Regeln eingehalten wurden![4]

Ein solches Tableau ist natürlich eine — wenn auch von den Sokratikern selbst vorgeschlagene — Vergröberung. Man sollte bei der assoziativen Deutung dieser Formeln Spielraum für Intuition lassen. Die Situation, die bei Beachtung solcher Regeln entsteht, ist die eines angenehmen, klärenden und weiterführenden Gesprächs. Sie ist zugleich außerordentlich künstlich — das ist sozusagen das »kontrafaktische« Element an ihnen.

Die berühmten vier Geltungsansprüche von Habermas und Apel (vgl. Kap. 3) scheinen überall im Sokratischen Gespräch durch. Noch deutlicher wird das an einer weiteren Liste von Anforderungen, die Barbara Neißer im Anschluß an Nelson und Heckmann formuliert hat:

Anforderungen an die Teilnehmer:

— Ausgehen von konkreten Situationen
— persönliche Erfahrungen und Gefühle sollen, soweit sie sich auf das Thema beziehen, ins Gespräch eingebracht werden
— Verzicht auf Definitionen von Begriffen, statt dessen exemplarische Klärung der Begriffe
— Selbstvertrauen in die eigene Vernunft und Vertrauen in die vernünftigen Fähigkeiten der anderen
— Interesse an der Wahrheit
— Ausdauer und Durchhaltevermögen während der Suche nach Wahrheit
— Offenheit für die Argumente Andersdenkender
— Fähigkeit zur Selbstkritik
— Bemühen um klare, verständliche Ausdrucksweise [5]

Der Leiter, der sich inhaltlich zurückhalten, die Frage festhalten und auf Verständlichkeit der Äußerungen achten soll, hat letztlich die Aufgabe, das Gespräch zu einem Konsens hinzuführen.

Apels Lehre hat die Sprachspiele der akademischen Philosophie um wichtige Herausforderungen und Anregungen bereichert. Sie gehört durchaus auch in die Welt Nelsons und der Sokratiker. Vor allem aber ist sie die philosophische Reflexion auf eine bestehende und täglich stattfindende Praxis der Diskurse, deren Anspruch auf Durchsetzung und Geltung sie formuliert.

Nachwort

Jürgen Habermas

Ein Baumeister mit hermeneutischem Gespür — Der Weg des Philosophen Karl-Otto Apel

Aus Anlaß der Emeritierung von Karl-Otto Apel hat der Fachbereich Philosophie der Universität Frankfurt am 23. Mai 1990 ein Kolloquium veranstaltet. In diesem Rahmen hielt Jürgen Habermas die folgende Rede.

I.

Als ich zum Wintersemester 1950/51 von Zürich nach Bonn kam, um bei Rothacker mein Studium fortzusetzen, begegnete ich im Philosophischen Seminar A der heute versunkenen Welt der alten deutschen Universität — mit zwei Ordinarien, einem Assistenten, wenigen Studenten, noch weniger Doktoranden. Diesen war, hinter dem Direktorenzimmer, ein eigener Raum vorbehalten. In dem Direktorenzimmer selbst saßen freilich weder Rothacker noch Oskar Becker noch Wilhelm Perpeet, damals der Assistent. Es war vielmehr besetzt von einer Figur, die hier nicht zufällig residierte, weil sie den Geist des Seminars beinahe stärker als alle anderen prägte. Das wurde mir schon am ersten Mittwochvormittag, nämlich in der ersten Sitzung des philosophischen Seminars klar, wo sich mir ein typisches Bild darbot: der kettenrauchende Rothacker schnitt ein Thema an und lehnte sich dann mit seinen Zigaretten zurück, um den Fluß der Diskussion dem kräftigen Ruderschlag eines jungen Kollegen zu überlassen, dessen atemloses Engagement ihn halb befremdete, halb mit Bewunderung und Stolz erfüllte, während wir Studenten mit einem leichten Schwindel den kühnen, mitreißenden Gedankenzügen dieses synthetischen, erstaunliche Zusammenhänge konstruierenden Kopfes hinterherhasteten, ohne auf die Bremsversuche zu achten, die ein pädagogisch rücksichtsvoll operierender Perpeet ab und zu noch einzuschalten versuchte.

Apel gehörte zu jener Generation, die noch von Kriegserfahrungen zehrte und mit geradezu wütender Energie die versäumten Lernprozesse nachholen wollte. Wir Jüngeren spürten auch noch Anfang der fünfziger Jahre die Ambivalenz dieser Kriegsheimkehrer, die aus der Erfahrung von extremen Situationen das Bewußtsein einer gewissen Überlegenheit schöpften und die sich zugleich als Ältere, denen Jahre des Studiums entgangen waren, benachteiligt fühlten. Für Apel war damals, in einem durch Sartres Existenzphilosophie bestimmten Klima, Heideggers Existenzialontologie fast zu einer Lebensform geworden; aber trotz einer gewissen Verwandtschaft mit jenen aus dem Ersten Weltkrieg heimkehrenden Leutnants geriet Apel nie in Versuchung, den Jungkonservativen von damals auf ihrem elitären Weg in einen heroischen Nihilismus zu folgen.

Apel verzehrte sich im philosophischen Gespräch; er verkörperte bis in die Sprache seiner lebhaften Gesten hinein das, was man damals »engagiertes Denken« nannte. Seine intellektuelle Leidenschaft speiste sich aus moralischen Antrieben, auf denen kein Schatten von Zweideutigkeit lag; er gehörte zu denen, die sich von den suggestiven Formeln einer Situationsethik nicht haben abhalten lassen, sich über die moralische Katastrophe der vierziger Jahre vorbehaltlos Rechenschaft abzulegen. Apel war es auch, der mir ein druckfrisches Exemplar von Heideggers *Einführung in die Metaphysik* gab und mich auf jenen unkommentierten Satz von der »inneren Wahrheit und Größe der Bewegung« hinwies, den wir — weit weg von den Freiburger Querelen — nicht erwartet hatten. Auch ohne eigene Seminare ist Apel damals für einen kleinen Kreis zum philosophischen Lehrer geworden. Was uns an ihn band, hat seither viele Generationen von Studenten auf nicht-verführerische, nicht-beschlagnahmende Weise fasziniert: der Umstand nämlich, daß sich in seiner Person die Sache der Philosophie selbst verkörpert.

Akademisch sind wir beide damals in die Welt Diltheys und der Deutschen Historischen Schule, auch in den südwestdeutschen Neukantianismus hineingewachsen. Wir haben mit den Problemen der verstehenden Geisteswissenschaften, der vergleichenden Kulturwissenschaften und einer auf Humboldt zurückgeführten Sprachphilosophie gelebt. Für Rothacker stellte sich freilich die erkenntnistheoretische Frage des Historismus nicht in aller Schärfe; er verband nämlich den Perspektivismus des Allesverstehenden mit anthropologischen Interessen und brachte uns glücklicherweise bei, die theoretischen Beiträge der Einzelwissenschaften, der Kulturanthropologie, der Tierverhaltensforschung, vor allem der Psychologie (die er selbst noch lehrte) ernst zu nehmen. Aber neben dem respektablen, schon etwas monoton gewordenen Moralismus eines Theodor Litt, dem Apel den Gedanken der reflexiven Selbstaufstufung des Geistes verdankt, herrschte eine gewisse liberale Unverbindlichkeit. Die Lebensgeschichte unserer philosophischen Lehrer hatte einen politischen Bruch erfahren; ihr Lebensnerv war getroffen. Von ihnen lernte man nicht, Fragen radikal zu stellen und systematisch zu beantworten.

Gegen dieses Milieu hat Apel, ihm selbst wohl nicht einmal bewußt, mit einem tiefen, von jedem Narzißmus freien moralischen Ernst rebelliert. Etwas von diesem Konflikt klingt noch nach in dem steifen Widerstand, den Apel heute dem abwiegelnden Neopragmatismus eines Richard Rorty entgegensetzt. Damals in Bonn hat sich die Intention geformt, die das gesamte philosophische Werk prägen wird: nicht von den hermeneutischen Einsichten abzulassen, keine der hermeneutischen Tugenden preiszugeben, immer sensibel zu bleiben für den geschichtlichen Kontext, die Gedanken eines Opponenten stets in seinen Stärken aufzuspüren — und gleichwohl an dem Beruf der Philosophie festzuhalten, auf perennierende Fragen systematische Antworten zu suchen, um vernünftige Orientierungen für ein mit Willen und Bewußtsein geführtes Leben zu finden.

II.

Schon das erste Buch, die Untersuchung zur *Idee der Sprache in der Tradition des Humanismus von Dante bis Vico*, für die sich Apel (in einer schwierigen Phase seines Lebens) die italienische Sprache und ein breites historisches Material angeeignet hat, verrät nicht nur den geistigen Horizont der Bonner Herkunft, sondern auch schon den zukunftsweisenden systematischen Zugriff auf die Dimension der Sprachpragmatik. Apel suchte für die sprachphilosophischen Außenseiter Vico, Hamann, Herder und Humboldt Ursprünge und Vorläufer in der mittelalterlichen und antiken Philosophie. Dabei stieß er auf eine Konstellation von vier typischen Ausprägungen des Sprachdenkens. Er interessierte sich vor allem für die christliche Logosmystik und den italienischen Sprachhumanismus, für jene beiden Ansätze, die während der Neuzeit von den dominierenden

Strömungen des Nominalismus und des Programms einer mathesis universalis an den Rand gedrückt worden waren.

In Begriffen der Schelerschen Wissensformen stellt Apel dem nominalistischen Verfügungswissen das humanistische Bildungs- und das logosmystische Heilswissen gegenüber. Die Suche nach den Spuren eines marginalisierten Sprachdenkens führte ihn, von einem ganz anderen Ausgangspunkt her, in die Nähe von Walter Benjamin, den er damals nicht kannte. Vielmehr blieb Heidegger maßgebend für die These, »daß die Wahrheit der menschlichen Rede nicht primär auf einer logisch richtigen Zeichenrepräsentation vermeintlich vorgegebener Welttatsachen beruht, sondern auf der eine Tatsachenordnung allererst offenbar machenden Deutung der Welt als bedeutsamer Situation des Menschen«. Aber schon damals beharrt Apel auf einer transzendental-hermeneutischen Konzeption der Sprache, die sich gegen die seinsgeschichtliche Verselbständigung der welterschließenden Funktion der Sprache richtet. Die innerweltliche »Praxis« wird durch die offenbarmachende »Poiesis« der sprachlichen Weltkonstitution nur »vermittelt«. In jeder empirisch erfolgreichen Interpretation müssen sich »allgemeingültiger Denkansatz« und »einseitiger Bedeutsamkeitsentwurf« immer schon »durchdringen« — ein Gedanke übrigens, der schon bei Rothacker angelegt war.

Den zentralen Gedanken eines Zusammenspiels von Sinnapriori und Geltungsreflexion konnte Apel freilich erst entfalten, nachdem er sich durch die analytische Philosophie hindurchgearbeitet und dabei Peirce als großen Anreger für eine Transformation der Transzendentalphilosophie entdeckt hatte. Eine solide Philosophie hatte ihm seit den Tagen seiner erkenntnisanthropologisch ansetzenden Kant-

Dissertation vorgeschwebt. Die sechziger Jahre sind durch eine zähe Rezeptionsarbeit gekennzeichnet. Es ist wohl dem Rhythmus dieser Aneignungswut, dieses hermeneutischen Furors zuzuschreiben, daß Apel seine wichtigsten Erkenntnisse fortan in weit ausgreifenden Essays entwickelt, nicht in Büchern. Ein Peirce-Buch entsteht aus zwei großen Einleitungen zu den von ihm herausgegebenen Peirce-Texten. Ein Buch zur Kontroverse über »Verstehen und Erklären« ist der Kommentar zu entsprechenden angelsächsischen Diskussion. Die beiden gewichtigen Bände *Transformation der Philosophie*, mit denen sich Apel in den USA und den skandinavischen Ländern sowie in Italien, Spanien und Lateinamerika große Reputation erworben hat, sind ebenso wie das jüngste Buch *Diskurs und Verantwortung* eigentlich Collected Papers — und zugleich mehr als das. Denn jeder einzelne Beitrag ist aus der Perspektive einer immer schon vorweggenommenen Systematik entworfen.

Vielleicht gehört auch das zum Stil eines Denkens, das weitaus experimentierender verfährt, als es im Lichte des kontroversen Anspruchs auf »Letztbegründung« erscheint. Apel treibt durch das Dickicht der Probleme einen Stollen nach dem anderen, aber diese Stollen führen nicht zu einer Hegelschen Synthese, sondern ins Offene, in die Offenheit Lessingscher Orientierungsanstrengungen, die ihren fixen Punkt allein in regulativen Ideen finden.

Es sind Abhandlungen, die Apels Denkweg markieren. Die Kieler Antrittsvorlesung trägt bereits den Titel »Wittgenstein und Heidegger«. Heute weiß es jeder, daß die Philosophie des 20. Jahrhunderts durch die Konstellation dieser beiden Gestirne bestimmt ist. Damals, 1962, mußte sich Apel, der als einer der ersten die Konvergenz dieser zunächst entgegengesetzten Sprachphilosophien erkannte, noch für das Befremdliche des Vergleichs entschuldigen. 1964 folgte die Abhandlung über die *Entfaltung der sprachanalytischen Philosophie und das Problem der Geisteswissenschaften*, in der sich Apel mit der Linie der neopositivistischen Wissenschaftstheorie auseinandersetzt, um die gemeinsamen Einsichten von philosophischer Hermeneutik und Sprachspielanalyse gegen den Objektivismus des einheitswissenschaftlichen Programms zur Geltung zu bringen. Hier entsteht die Perspektive des Gegenentwurfs einer Theorie der Erkenntnisinteressen. Apel baut diese zu einer erkenntnisanthropologischen Wissenschaftslehre aus, nachdem er sich zwei weitere theoretische Ansätze zu eigen gemacht hat — die Praxisphilosophie des jungen Marx sowie die zeitgenössische Marxismus-Diskussion, vor allem aber die pragmatistische Wissenschaftsauffassung des mittleren Peirce. Nach J. v. Kempski war es Apel, der Peirce in Deutschland bekannt gemacht hat.

Man muß sich des Klimas erinnern, das zu jener Zeit an deutschen Universitäten herrschte, als Apel das Studium der Schriften dieses bedeutendsten amerikanischen Philosophen aufnahm. Außerhalb Frankfurts war der traditionelle Kanon, der durch Heidegger kaum modifiziert worden war, nach wie vor in Geltung. So wies ein älterer Kollege Apel auf das Unschickliche seines Vorhabens hin, über Peirce und Wittgenstein Veranstaltungen abzuhalten, und zwar mit der Begründung, daß diese doch wohl nicht zu den »großen Denkern« zu zählen seien.

III.

Der Gedanke einer semiotischen Transformation der kantischen Philosophie, die der junge Peirce genial ansteuert, muß in Apels Geist wie ein Blitz eingeschlagen sein. Im Licht dieser programmatischen Idee ließen sich alle losen Fäden zum Knoten schürzen. Die dreistellige Relation des Zeichens zum denotierten Gegenstand, zum repräsentierten Sachverhalt und zum Interpreten begreift Apel als Schlüssel zum Schauplatz einer unbegrenzten Kommunikationsgemeinschaft, wo sich das transzendentale Subjekt auflösen konnte in die geschichtlich situierten, aber auf einen idealen Konsens abzielenden Verständigungsprozesse. Anstelle der transzendentalen Synthesis der Apperzeption wird nun das postulierte Einverständnis eines ins Unendliche reichenden Interpretationsgeschehens zum Garanten der möglichen Objektivität von Erkenntnis überhaupt. Mit einer charakteristischen Wendung spricht Apel von der »intersubjektiven Verständigung qua Traditionsvermittlung in einer unbegrenzten Interpretationsgemeinschaft«. Diese tritt nun an die Stelle des transzendentalen Subjekts und vermittelt Poiesis mit Praxis, Genesis mit Geltung, den Kontext der Entdeckung mit dem Kontext der Rechtfertigung, das Sinngeschehen mit dem Apriori der Geltungsreflexion, die gegenstandskonstitutiven Erkenntnisinteressen mit der Argumentation.

Den Durchbruch markiert wiederum eine Abhandlung zur Frage »Szientismus oder transzendentale Hermeneutik?«, die zuerst in der Gadamer-Festschrift erscheint. Sie bahnt den Weg zu einer *Transformation der Philosophie*, deren Architektonik Apel wenige Jahre später in der Einleitung zu den unter diesem Titel erscheinenden Bänden skizziert. Dabei leitet ihn die Frage, wie der normative Gehalt jener erkenntnistheoretischen Überlegungen, die Peirce am Modell der Forschergemeinschaft entwickelt hat, für die Kommunikationsgemeinschaft der Bürger fruchtbar gemacht werden könne. Es geht ihm darum, »die reale Gesellschaft selbst, die das Subjekt der materiellen Bedürfnisse und Interessen ist, zugleich als normativ ideales Subjekt der Erkenntnis und der Argumentation zu behandeln.«

»Das Apriori der Kommunikationsgemeinschaft« wird nun zum Ausgangspunkt für eine Diskursethik, mit der Apel den methodischen Solipsismus auch auf dem Gebiet der praktischen Philosophie überwindet. Der gleichnamige Aufsatz aus dem Jahre 1973 ist der Auftakt für eine kontinuierliche, bis heute nicht abreißende Folge von moraltheoretischen Untersuchungen. Darin nimmt die Arbeit über »Das Problem der philosophischen Letztbegründung im Lichte einer transzendentalen Sprachpragmatik« eine herausragende Stellung ein. In Auseinandersetzung mit dem Kritischen Rationalismus, insbesondere mit Hans Alberts Einwänden, klärt Apel den Sinn transzendentaler Begründungen, um zu zeigen, wie philosophische Letztbegründungsansprüche mit dem grundsätzlichen Fallibilismus menschlicher Erkenntnis vereinbar sind. Dabei bezieht er sich auf normativ gehaltvolle pragmatische Voraussetzungen von Argumentation überhaupt, welche als nicht-hintergehbar aufgewiesen werden sollen. In jener Kontroverse um Letztbegründung geht es um die Frage, welchen Status der Aufweis solcher nicht-hintergehbarer Präsuppositionen beanspruchen kann: Handelt es sich um Sinnexplikationen, »die man nicht verstehen kann, ohne zu wissen, daß sie wahr sind?«

Fruchtbar ist auch Apels ingeniöse Unterscheidung zwischen drei paradigmatischen Antworten auf die Frage nach der »Logosauszeichnung der menschlichen Sprache«. Damit wird die gegen Ontologie und Mentalismus vollzogene sprachpragmatische Wende zum Schlüssel für eine systematische Untersuchung von Rationalitätstypen, die sich zur Aufgabe setzt, preisgegebene Dimensionen des Vernunftbegriffs kommunikationstheoretisch »einzuholen«. Auch nach der linguistischen Wende bleibt Apel freilich Kantianer. Das gilt nicht nur in Fragen der Moral- und Erkenntnistheorie, sondern auch für seine geschichtsphilosophischen Überlegungen. Noch dem Versuch, die Evolutions-Metaphysik des späten Peirce zu rekonstruieren, dient die *Kritik der Urteilskraft* als Leitfaden.

Dieser Orientierung an Kant, dem hellsten und untrüglichsten Geist der deutschen Aufklärung, verdankt auch der Gegenwartsanalytiker und Zeitdiagnostiker Apel eine erstaunliche Sicherheit des Urteils. Gewiß, bei allem Engagement ist Apel zuerst Philosoph und Gelehrter — mit einem Anflug des Unpolitischen. Aber er ist auch ein Intellektueller, der sich an Wendepunkten der bundesrepublikanischen Nachkriegsgeschichte unmißverständlich zu Wort gemeldet hat.

IV.

Politisch motiviert war schon in den frühen sechziger Jahren die Wahl der Koordinaten für eine Standortbestimmung der philosophischen Hauptströmungen der Gegenwart. In der westlichen Philosophie beobachtet Apel eine charakteristische Arbeitsteilung zwischen analytischer Philosophie und Wissenschaftstheorie auf der einen, Existentialismus und Phänomenologie auf der anderen Seite. Die eine Seite ist für die Bedingungen der Rationalität wertfreier, objektiv gültiger Erfahrungsurteile zuständig, die andere für die private Sphäre der Erlebnisse und der subjektiven Gewissensentscheidungen. Im Hinblick auf Grundfragen der praktischen Philosophie verhalten sich beide Richtungen komplementär. Der Szientismus kann ungerührt Moral, Recht und Politik als einen Bereich irrationaler, jedenfalls nicht-wahrheitsfähiger Fragen dem Dezisionismus einer Situationsethik überlassen. Jenseits des Eisernen Vorhangs herrschte hingegen eine marxistische Orthodoxie, die das westliche Komplementärsystem auf ihre Weise ergänzte. Der Marxismus-Leninismus bestreitet zwar die abstrakte Trennung zwischen objektivistischer Wissenschaft und subjektivistischer Freiheit, aber nur um den Preis einer geschichtsmetaphysischen Verklammerung von Sein und Sollen, Theorie und Praxis, Wissenschaft und Ethik.

Diese Stilisierung der Gegenwartsphilosophie diente natürlich als Folie, von der sich der intersubjektivistische Ansatz einer transzendentalen Hermeneutik vorteilhaft abheben kann. Aber 1968 hat diese Theorie Apel auch instand gesetzt, die kritischen Anliegen der Studenten ernst zu nehmen und zugleich vor falschen Totalisierungen zu warnen, insbesondere davor, von einem internen Zusammenhang zwischen Erkenntnis und Interesse auf deren Identität, also auf die Ineinssetzung von Wissenschaft und Emanzipation, zu schließen.

Während sich Apel Ende der sechziger Jahre gegen den Dogmatismus der Linken wandte, setzte er sich im Verlauf der siebziger und Anfang der achtziger Jahre mit denunziatorischen Vorwürfen der Neokonservativen auseinander. In Beantwortung der Frage: »Ist die Ethik der idealen Kommunikationsgemeinschaft eine Utopie?« gelangt er zu einer überzeugenden Klärung des Verhältnisses von Utopie, Geschichtsphilosophie und Moraltheorie. Die Diskursethik entwirft keine ideale Lebensform; sie bietet auch keinen Maßstab für die klinische Beurteilung eines intersubjektiv geteilten Lebenszusammenhangs — oder einer individuellen Lebensgeschichte — im ganzen. Sie verfügt nicht über Totalitätsbegriffe, sondern setzt auf Verfahrensrationalität. Das Verfahren der Argumentation überläßt aber den Beteiligten selbst die Klärung ihrer praktischen Fragen. Allerdings mutet es ihnen zugleich eine ideale Rollenübernahme zu: die Kritik der utopischen Vernunft führt nicht zum Dementi unausweichlicher Idealisierungen. »Tatsächlich muß jeder, der ernsthaft argumentiert ..., die Bedingungen einer idealen Kommunikationsgemeinschaft ... in gewisser Weise — kontrafaktisch — als erfüllt unterstellen, also einen Idealzustand antizipieren.«

Inzwischen hat sich der Zeitgeist und mit ihm das philosophische Klima noch einmal gewendet. In einem seiner jüngsten Essays behandelt Apel die Frage »Zurück zur Normalität? — Oder könnten wir aus der nationalen Katastrophe etwas Besonderes gelernt haben?« Dieses bewegende Dokument legt den Blick frei auf die tiefverwurzelten Motive eines lebenslangen Engagements für die Unbedingtheit und die transzendierende Kraft einer situierten Vernunft. Diese Vernunft verkörpert sich in der kommunikativen Praxis vergesellschafteter Individuen, die geschichtlich existieren, also von Schicksalen geschlagen, aber diesen eben nicht nur ausgeliefert sind. Apel verteidigt diese Position einerseits gegen die neoaristotelische Verklärung einer nachgeahmten Substantialität des bloß Eingewöhnten und Üblichen; ebenso scharf wendet er sich gegen den Kontextualismus von Richard Rorty und gegen den Postmodernismus von Derrida und Lyotard.

Für Apel hatten bisher die Repräsentanten einer älteren Generation, Heidegger und Wittgenstein, aber auch Popper, Gadamer und Horkheimer, die Bezugspunkte gebildet.

Mit ihnen konnte sich Apel dialektisch auseinandersetzen, weil er eben auch von ihnen gelernt hatte. Heute sind es die Peers, gegen die er sich wendet. Aber das allein erklärt nicht die schriller gewordene Tonlage.

Vielmehr sieht sich Apel erneut mit Variationen einer geistigen Gestalt konfrontiert, von der er sich während seiner Studienzeit gelöst hatte. Er sieht sich heute merkwürdigen Steigerungsformen des bekannten Historismus gegenüber. Und diese sind ironischerweise auch noch aus einer Radikalisierung der von Apel selbst eingeleiteten und vorangetriebenen pragmatischen Wende der analytischen Philosophie (und des Strukturalismus) erwachsen. Nicht das déjà vu beunruhigt Apel, sondern die Unvereinbarkeit der relativistischen Konsequenzen »mit dem, was wir als Zeitgenossen der deutschen Katastrophe an Besonderem gelernt haben sollten«. Apel bekämpft den unter neuem Namen auftretenden Historismus, weil dieser »auch schon zu Beginn dieses Jahrhunderts in unserem Lande einer der Hauptfaktoren bei der Paralysierung des möglichen postkonventionellen moralischen Prinzipienbewußtseins der Gebildeten war. Auch dies — so verstehe ich es heute — konnten wir Kriegsheimkehrer in der Zeit nach 1945 bei unseren akademischen Lehrern noch deutlich feststellen.«

Apel schaut freilich nicht nur zurück. Seine allerjüngsten Thesen zeigen, daß er keinen Augenblick gezögert hat, sich den Herausforderungen der veränderten Gegenwartssituation auch diesmal zu stellen.

Anhang

Anmerkungen

Einleitung

1 Apel, Diskurs und Verantwortung, Frankfurt/M. 1988, S. 272; vgl. John Dewey, The Ethics of Democracy, in ders., The Early Works, 1882-1898, Bd. 1, London und Amsterdam 1969, S. 227-249.

2 Ebenda, S. 38.

3 Z.B. Dieter Henrich, Die Deduktion des Sittengesetzes. Über die Gründe der Dunkelheit des letzten Abschnitts von Kants »Grundlegung zur Metaphysik der Sitten«, in: Alexander Schwan (Hg.), Denken im Schatten des Nihilismus, Darmstadt 1975, S. 55-112.

4 Odo Marquard, in: Willi Oelmüller (Hg.), Normenbegründung – Normendurchsetzung. Materialien zur Normendiskussion, Bd. 2, Paderborn 1978, S. 199.

5 Apel, Die Erklären-Verstehen-Kontroverse, Frankfurt/M. 1979, und ders. (Hg.), Sprachpragmatik und Philosophie, Frankfurt/M. 1976.

1. Nach 1945: Am Nullpunkt der Moral

1 Apel, Diskurs und Verantwortung, Frankfurt/M. 1988, S. 371; vgl. dazu: Forum für Philosophie, Bad Homburg (Hg.), Zerstörung des moralischen Selbstbewußtseins: Chance oder Gefährdung? Frankfurt/M. 1988.

2 Ebenda, S. 374.

3 Vgl. Arthur Koestler, Der Yogi und der Kommissar, Frankfurt/M. 1980 (zuerst 1950); ders., Sonnenfinsternis (1940), Frankfurt/Berlin/Wien 1979 u.ö.; Milovan Djilas, Die Neue Klasse, Wien/München/Zürich 1957, Neuausg. 1976; vor allem Richard Crossman (Hg.), Der Gott, der keiner war (The God that failed), Zürich 1950 u.ö.

4 Zum deutschen Sonderweg zuletzt: Ulrich Oevermann, Zwei
Staaten oder Einheit? Der ›dritte Weg‹ als Fortsetzung des
deutschen Sonderweges, in: Merkur, 44. Jg. 1990, Heft 2, S. 91-
106; als Hintergrund: Bernd Faulenbach, »Deutscher Sonderweg«, Zur Geschichte und Problematik einer zentralen Kategorie des deutschen geschichtlichen Bewußtseins, in: Aus Politik und Zeitgeschichte, Nr. 33, 1981, S. 3-21; Kurt Sontheimer,
Ein deutscher Sonderweg?, in: Werner Weidenfeld (Hg.), Die
Identität der Deutschen, München 1983, S. 324-336.

5 Apel, Diskurs und Verantwortung, a.a.O., S. 377.

6 Theodor W. Adorno, Jargon der Eigentlichkeit. Zur deutschen
Ideologie, Frankfurt/M. 1964.

7 Jürgen Habermas, Literaturbericht zur philosophischen Diskussion um Marx und den Marxismus (1957), in: ders., Theorie und Praxis, Sozialphilosophische Studien, Frankfurt/M.
1971, S. 387-464 (zuerst in: Philosophische Rundschau, 5. Jg.
1957, Heft 3/4, S. 165-235).

8 Apel, Diskurs und Verantwortung, a.a.O., S. 378.

9 Ebenda, S. 379.

10 Apel, Transformation der Philosophie, Bd. 1, Frankfurt/M.
1973, S. 164.

11 Apel, Der Denkweg des Charles S. Peirce, Frankfurt/M. 1975,
S. 36.

12 Ebenda, S. 58.

13 Derartige Überlegungen sind schon vorgezeichnet in Apels
frühem Aufsatz »Das Leibapriori der Erkenntnis«, in: Archiv
für Philosophie, Bd. 12, 1963, Heft 1/2, S. 152-172.

14 Apel, Denkweg, a.a.O., S. 104 f., 171, 286, 350.

15 Ebenda, S. 353.

16 Adolf Polti, Ontologie als »Inbegriff von Negativität«. Zu
Adornos Interpretation der Philosophie Heideggers, in:
Forum für Philosophie Bad Homburg (Hg.), Martin Heideg-
ger: Innen- und Außenansichten, Frankfurt/M. 1989, S. 273.

17 Jürgen Habermas, Wozu noch Philosophie?, in: ders., Philo-
sophisch-politische Profile, Frankfurt/M., 2. Aufl. 1984, S. 17 f.

18 Apel, Transformation, Bd. 1, a.a.O., S. 58 f.; sowie dazu: Dieter Krohn u.a. (Hg.), Das sokratische Gespräch. Ein Symposion, Hamburg 1989.

2. Konventionelle und postkonventionelle Moral

1 Basel und New York 1983.

2 Ebenda, S. 8f.

3 Lawrence Kohlberg, The Philosophy of Moral Development, Moral Stages and the Idea of Justice, San Francisco 1981, S. 17-20, 147-168 und 409-412; vgl. dazu Jürgen Habermas, Moralbewußtsein und kommunikatives Handeln, Frankfurt/M. 1983, S. 127-206; ders., Moralentwicklung und Ich-Identität, in: ders., Zur Rekonstruktion des Historischen Materialismus, Frankfurt/M. 1976, S. 63-91; Hans Bertram, Der aufhaltsame Aufstieg zur Moral, in: Psychologie heute, Jan. 1980; Ulf Peltzer, Mythos Moralpsychologie, in: Psychologie heute, Juni 1987. Auf deutsch gibt es von Kohlberg: Gesammelte Schriften I, Philosophische und pädagogische Untersuchungen zur Moralentwicklung, Frankfurt/M. 1987, sowie: Zur kognitiven Entwicklung des Kindes. Drei Aufsätze, Frankfurt 1974.

4 Apel, Diskurs und Verantwortung, Frankfurt/M. 1988, S. 319.

5 Vgl. Kohlberg, Philosophy of Moral Development, a.a.O., S. 152.

6 Habermas, Zur Rekonstruktion ..., a.a.O., S. 83.

7 Apel, Diskurs und Verantwortung, a.a.O., S. 348.

8 Ebenda.

9 Ebenda, S. 348f.

10 Ebenda, S. 356f.

11 Ebenda, S. 358: Dort zitiert er Annemarie Pieper, Ethik und Moral, München 1985, S. 171.

12 Apel, Diskurs und Verantwortung, a.a.O., S. 359.

13 Ebenda, S. 361.

14 Kohlberg, Moral Stages (vgl. Anm. 1), S. 60.

15 Ebenda, S. 61.

16 Apel, Diskurs und Verantwortung, a.a.O., S. 365.

17 Ebenda, S. 366.

18 Ebenda.

19 Vgl. ebenda, S. 465.

20 Ebenda, S. 468.

21 Ebenda.

22 Ebenda, S. 410.

23 Ebenda, S. 387 ff.

24 Friedrich Nietzsche, Sämtliche Werke, Kritische Studienausgabe in 15 Bänden, Hg. Giorgio Colli und Mazzino Montinari, Bd. 5, Jenseits von Gut und Böse, Nr. 199-207, Genealogie Nr. 16 ff.

25 Apel, Diskurs und Verantwortung, a.a.O., S. 388.

26 Ebenda, S. 384.

27 Ebenda, S. 410.

28 Max Horkheimer/Theodor W. Adorno, Dialektik der Aufklärung, Frankfurt/M. 1988; zum Begriff Protofaschismus vgl. Bernhard H.F. Taureck, Nietzsche und der Faschismus, Hamburg 1989.

29 Apel, Diskurs und Verantwortung, a.a.O., S. 437.

30 Ebenda.

31 Ebenda, S. 440.

32 Ebenda, S. 470.

33 Norbert Elias, Studien über die Deutschen. Machtkämpfe und Habitusentwicklung im 19. und 20. Jahrhundert, Frankfurt/M., 2. Aufl. 1989, S. 19.

34 Ebenda, S. 23.

35 Ebenda.

36 Apel, Diskurs und Verantwortung, a.a.O., S. 409; vgl. das Gespräch Apels mit Florian Rötzer, in: ders., Denken, das an der Zeit ist, Frankfurt/M. 1987, S. 74.

3. Reflexive Letztbegründung

1 Vgl. dazu Herbert Schnädelbach, Über Rationalität und Begründung, in: Forum für Philosophie Bad Homburg (Hg.), Philosophie und Begründung, Frankfurt/M. 1987, S. 67-83.

2 Hans Albert, Traktat über kritische Vernunft, 4. Aufl., Tübingen 1980, S. 13.

3 Hugo Dingler, Die Ergreifung des Wirklichen, Frankfurt/M. 1969, S. 67.

4 Hugo Dingler, Aufbau der exakten Fundamentalwissenschaft, München 1964, S. 28.

5 Hugo Dingler, Physik und Hypothese. Versuch einer indukti-
  ven Wissenschaftslehre nebst einer kritischen Analyse der
  Fundamente der Relativitätstheorie, Berlin/Leipzig 1921,
  S.116f., zitiert nach: Jürgen Mittelstraß, Der Flug der Eule,
  Frankfurt/M. 1989, S.286.

6 Apel, Transformation der Philosophie, Bd. 2, Frankfurt/M.
  1973, S.419.

7 Wolfgang Kuhlmann, Reflexive Letztbegründung, Freiburg/
  München 1985, S.55.

8 Jürgen Mittelstraß, Wider den Dingler-Komplex, in: ders.,
  Die Möglichkeit von Wissenschaft, Frankfurt/M. 1974, S.84-
  105, 230-234.

9 Albert, Traktat (vgl. Anm. 2), S.2.

10 Jürgen Habermas, Wozu noch Philosophie?, in: ders., Philo-
   sophisch-politische Profile, Frankfurt/M., 2. Aufl. 1984,
   S.32.

11 Friedrich Nietzsche, Jenseits von Gut und Böse, Sämtliche
   Werke Bd. 5, Kritische Studienausgabe, Hg. Colli/Montinari,
   Aphorismus 21, S.35. Das Trilemma selbst findet sich in ähn-
   licher Form schon bei Jakob-Friedrich Fries (1773-1843),
   einem Kant-Schüler. Es wird deshalb auch das »Friessche Trilemma« genannt.

12 Albert, Traktat, a.a.O., S.13.

13 Apel, Das Problem der philosophischen Letztbegründung im
   Lichte einer transzendentalen Sprachpragmatik, in: Bernulf
   Kanitschneider (Hg.), Sprache und Erkenntnis, Innsbruck
   1976, S.72f.

14 Albert, Traktat, a.a.O., S.15.

15 Kuhlmann, Reflexive Letztbegründung, a.a.O., S.61.

16 Ebenda.

17 Vgl. Apel, Diskurs und Verantwortung, Frankfurt/M. 1988,
   S.356, 449 (Anm.), wo er die Möglichkeit erwägt, daß es sich
   beim Diskursverweigerer um einen sehr ernsten existentiell-
   pathologischen Fall handelt, »bei dem vielleicht Therapie
   (auch therapeutischer Diskurs) noch helfen kann.« Vgl. ganz
   ähnlich J. Habermas, Moralbewußtsein und kommunikatives
   Handeln, Frankfurt/M. 1983, S.109ff..

18 Apel, Fallibilismus, Konsenstheorie der Wahrheit und Letzt-

begründung, in: Forum für Philosophie (Hg.), Philosophie und Begründung, Frankfurt/M. 1987, S. 191.

19 Apel, Diskurs und Verantwortung, a.a.O., S. 352 f.

20 Apel, Grenzen der Diskursethik, in: Zeitschrift für philosophische Forschung, Bd. 40, 1986, Heft 1, S. 4 f., Anm. 4.

21 Apel, Transformation der Philosophie, Bd. 2, a.a.O., S. 419, 422.

22 Apel, Das Leibapriori der Erkenntnis, in: Archiv für Philosophie, Bd. 12, Heft 1-2, 1963, S. 152-172.

23 Ebenda, S. 172.

24 Michel Foucault, Die Ordnung der Dinge, Frankfurt/M. 1974, S. 384 u. ö.

25 Vgl. Hubert L. Dreyfus/Paul Rabinow/Michel Foucault, Jenseits von Strukturalismus und Hermeneutik, Frankfurt/M. 1987, S. 56-59.

26 Vgl. dazu Kuhlmann, Reflexive Letztbegründung, a.a.O., S. 35 ff.

27 Apel, Transformation der Philosophie, Bd. 2, a.a.O., S. 330 ff.

28 Martin Heidegger, Sein und Zeit, 15. Aufl., Tübingen 1984, S. 315.

29 Vgl. dazu Apel, Fallibilismus (Anm. 18), S. 196.

30 Apel, Transformation der Philosophie, Bd. 2, a.a.O., S. 390.

31 Ebenda, S. 326, 329.

32 Albert, Traktat, a.a.O., S. 14, 187.

33 Albrecht Wellmer, Praktische Philosophie und Theorie der Gesellschaft. Zum Problem der normativen Grundlagen einer kritischen Sozialwissenschaft, in: Willi Oelmüller (Hg.), Normen und Geschichte, Materialien zur Normendiskussion Bd. 3, Paderborn/München/Wien 1979, S. 174.

34 Vgl. dazu Kuhlmann, Reflexive Letztbegründung, a.a.O., S. 76-82; Apel, Fallibilismus (Anm. 18), S. 186-191.

35 Alfred Berlich, Elenktik des Diskurses. Karl-Otto Apels Ansatz einer transzendentalpragmatischen Letztbegründung, in: Wolfgang Kuhlmann/Dietrich Böhler (Hg.), Kommunikation und Reflexion, Frankfurt/M. 1982, S. 270.

36 Die drei Punkte bei Berlich, ebenda, S. 272.

37 Ebenda, S. 285.

38 Apel, Grenzen der Diskursethik, (Anm. 20), S. 10.

39 Ebenda, S. 13.

40 Kuhlmann, Reflexive Letztbegründung, a.a.O., S. 51.

41 Niklas Luhmann, Sinn als Grundbegriff der Soziologie, in: Jürgen Habermas/Niklas Luhmann, Theorie der Gesellschaft oder Sozialtechnologie — Was leistet die Systemforschung?, Frankfurt/M. 1971, S. 25-100.

42 Kuhlmann, Reflexive Letztbegründung, a.a.O., S. 23.

43 Ebenda, S. 24.

44 Vgl. dazu Habermas, Theorie des kommunikativen Handelns, Bd. 1, Frankfurt/M. 1981, S. 416, 427, 443, sowie ders., Vorstudien und Ergänzungen zur Theorie des kommunikativen Handelns, Frankfurt/M. 1984, S. 137, 354, 440 und 588. Man sollte sich nicht dadurch irritieren lassen, daß Habermas manchmal von »genau drei«, manchmal von »genau vier« Geltungsansprüchen redet. Die für alle anderen Ansprüche grundlegende Verständlichkeit ist manchmal mitgezählt, manchmal nicht — aber sie wird immer mitgedacht.

45 Aristoteles, Sophistische Widerlegungen (Organon VI), übersetzt von Eugen Rolfes, Hamburg 1968; vgl. dazu Jean-François Lyotard, Der Widerstreit, München 1987, S. 48 ff.

46 George Edward Moore, Principia Ethica, Stuttgart 1970, S. 39 ff.

47 Lawrence Kohlberg, From Is to Ought: How to Commit the Naturalistic Fallacy and Get Away with it in the Study of Moral Development, in: ders., The Philosophy of Moral Development, San Francisco 1981, S. 101-189.

48 Aristoteles, Metaphysik, Schriften zur Ersten Philosophie, übersetzt von Franz F. Schwarz, Stuttgart 1970, 1005b/1006a.

49 Apel, Fallibilismus (Anm. 18), S. 186 f.

50 Vgl. Apel, Diskurs und Verantwortung, a.a.O., S. 48, 90, 114, 387.

51 Ebenda, S. 114.

52 Ebenda, S. 387.

4. Die Diskursethik in ihren Grundzügen

1 Apel, Transformation der Philosophie, Bd. 2, Frankfurt/M. 1973, S. 359.

2 Ebenda.

3 Ebenda, S. 375.

4 Ebenda, S. 386.

5 Ebenda, S. 423.

6 Ebenda, S. 424 f.

7 Ebenda, S. 425.

8 Vgl. ebenda, S. 426.

9 Apel, Diskurs und Verantwortung, Frankfurt/M. 1988, S. 103 ff.

10 Apel, Transformation, Bd. 2, a.a.O., S. 427.

11 Ebenda, S. 428, Hervorhebung von mir, W. Reese-Schäfer.

12 Ebenda.

13 Jean-Paul Sartre, Ist der Existentialismus ein Humanismus? (1946), in: ders., Drei Essays, Frankfurt/Berlin/Wien 1985.

14 Apel, Transformation, Bd. 2., a.a.O., S. 428.

15 Ebenda, S. 429.

16 Ebenda, S. 430 f.

17 Ebenda, S. 431.

18 Ebenda. Vgl. dazu auch Jürgen Habermas/Niklas Luhmann, Theorie der Gesellschaft oder Sozialtechnologie, Frankfurt/ M. 1971.

19 Vgl. Apel, Transformation, Bd. 2, a.a.O., S. 433.

20 Ebenda, S. 433 f.

21 3 Bände, zuerst Frankfurt/M. 1959.

22 Vgl. Robert Spaemann, Zur Kritik der politischen Utopie, Stuttgart 1978; Hermann Lübbe, Freiheit und Terror, in: Josef Simon (Hg.), Freiheit. Theoretische und praktische Aspekte des Problems, Freiburg/München 1972, S. 115-135, sowie Hermann Lübbe, Ideologische Selbstermächtigung zur Gewalt, Neue Zürcher Zeitung, 27.10.1988, Fernausgabe Nr. 249, Beilage, S. 35-36.

23 Apel, Ist die Ethik der idealen Kommunikationsgemeinschaft eine Utopie? Zum Verhältnis von Ethik, Utopie und Utopie-kritik, in: Wilhelm Voßkamp (Hg.), Utopieforschung, Bd. 1, Stuttgart 1982, S. 325-355, hier S. 335 (im folgenden zitiert als Apel, Utopie).

24 Hegel, Phänomenologie des Geistes, Werke in 20 Bänden, Hg. Moldenhauer/Michel, Bd. 3, Frankfurt/M. 1970, S. 431-441, hier S. 436.

25 Apel, Utopie, a.a.O., S. 336.
26 Vgl. Freimut Duve/Heinrich Böll/Klaus Staeck (Hg.), Briefe zur Verteidigung der Republik, Reinbek 1977.
27 Apel, Utopie, a.a.O., S. 338.
28 Ebenda, S. 344.
29 Ebenda, S. 346.
30 Ebenda, S. 347.
31 Ebenda.
32 Ebenda, S. 348.
33 Ebenda.
34 Ebenda, S. 350.
35 Der Ansatz von Apel in: Willi Oelmüller (Hg.), Transzendentalphilosophische Normenbegründung. Materialien zur Normendiskussion, Bd. 1, Paderborn 1978, S. 170.
36 Ebenda, S. 187.
37 Ebenda, S. 180.
38 Ebenda, S. 181.
39 Ebenda, S. 187.
40 Ebenda, S. 186.
41 Ebenda, S. 187.
42 Wolfgang Kuhlmann, Vorbemerkung des Herausgebers, in: ders. (Hg.), Moralität und Sittlichkeit. Das Problem Hegels und die Diskursethik, Frankfurt/M. 1986, S. 8.
43 Vgl. dazu Hegel, Grundlinien der Philosophie des Rechts, Werke in 20 Bänden, Hg. Moldenhauer/Michel, Bd. 7, § 141, sowie Joachim Ritter, Moralität und Sittlichkeit, in: ders., Metaphysik und Politik, Frankfurt/M. 1969, S. 281-309; Odo Marquard, Hegel und das Sollen, in: ders., Schwierigkeiten mit der Geschichtsphilosophie, Frankfurt/M. 1973, S. 37- 51.
44 Vgl. dazu Vittorio Hösle, Die Transzendentalpragmatik als Fichteanismus der Intersubjektivität, in: Zeitschrift für philosophische Forschung, Bd. 40, 1986, S. 235-252; dazu auch V. Hösle, Wahrheit und Geschichte, Stuttgart 1984.
45 Apel, Diskurs und Verantwortung, a.a.O., S. 104.
46 Vgl. Herbert Schnädelbach, Was ist Neoaristotelismus? in: Wolfgang Kuhlmann (Hg.), Moralität und Sittlichkeit, Frankfurt/M. 1986, S. 38-63; dazu auch Joachim Ritter (Anm. 43).
47 Apel, Diskurs und Verantwortung, a.a.O., S. 153.

48 Ebenda.

49 Ebenda, S. 156.

50 Ebenda; vgl. Michel Foucault, Die Sorge um sich, Sexualität und Wahrheit, Bd. 3, Frankfurt/M. 1986.

51 Vgl. Walter Reese-Schäfer, Lyotard zur Einführung, Hamburg, 2. Aufl. 1989; Apel, Diskurs und Verantwortung, S. 157-159.

52 Die Verwendung der politischen Orientierungsbegriffe »links« und »rechts« in der Philosophie entspricht zwar in diesem Fall dem Selbstverständnis der Betroffenen, ist aber nicht ohne Ironie, wie gerade die hier angeführten Beispiele zeigen. Eine sehr kluge und informierte Stellungnahme dazu findet sich bei Bernard Willms, Postmoderne und Politik, in: Der Staat 28. Jg. 1989, Heft 3, S. 321-352, bes. S. 323 f., aber auch am Schluß des Aufsatzes.

53 Odo Marquard, Das Über-Wir. Bemerkungen zur Diskursethik, in: Karlheinz Stierle/Rainer Warning (Hg.), Das Gespräch. Poetik und Hermeneutik XI, München 1984, vgl. dazu Apel, Diskurs und Verantwortung, a.a.O., S. 160.

54 Marquard, Schwierigkeiten mit der Geschichtsphilosophie (Anm. 43), S. 13.

55 Apel, Diskurs und Verantwortung, a.a.O., S. 161.

56 Richard Rorty, Solidarität oder Objektivität?, Stuttgart 1988, S. 5.

57 Apel, Diskurs und Verantwortung, a.a.O., S. 163.

58 Gernot und Harmut Böhme, Das Andere der Vernunft, Frankfurt/M. 1983.

59 Apel, Diskurs und Verantwortung, a.a.O., S. 164.

60 Ebenda.

61 Ebenda, S. 165.

62 Ebenda, S. 178.

63 Ebenda.

5. Fallibilismus und Konsenstheorie der Wahrheit

1 Hans Albert, in: ders. und Karl-Otto Apel, Ist eine philosophische Letztbegründung moralischer Normen möglich?,

in: Funk-Kolleg Praktische Philosophie/Ethik, Dialoge, Bd. 2, Frankfurt/M. 1984, S. 87.

2 Vgl. Karl Popper, Logik der Forschung, 8. Aufl., Tübingen 1984; Apel, Fallibilismus, Konsenstheorie der Wahrheit und Letztbegründung, in: Forum für Philosophie Bad Homburg (Hg.), Philosophie und Begründung, Frankfurt/M. 1987, S. 120.

3 Ch.S. Peirce, Collected Papers 7.206, zit.: nach Apel, Fallibilismus, a.a.O., S. 120.

4 Apel, Fallibilismus, a.a.O., S. 120.

5 Ebenda, S. 120 f.

6 Ebenda, S. 123; Kant, Kritik der reinen Vernunft, B 82.

7 Kant, ebenda.

8 Apel, Fallibilismus, a.a.O., S. 142.

9 Ebenda; vgl. Lyotard, Das postmoderne Wissen, Graz/Wien 1986, S. 175 ff.

10 Wie überhaupt so vielfältige Begriffe wie belief, persuasion, opinion, conviction, sogar faith im Deutschen fast immer mit *Überzeugung* übersetzt werden. »Letzte Meinung« ist aber provokativer, weil das paradoxale Element der faktischen Nichterreichbarkeit der regulativen Idee deutlicher wird.

11 Vgl. Apel, Fallibilismus, a.a.O., S. 144.

12 Ebenda, S. 148.

13 Der Dialog stammt von Wolfgang Kuhlmann, Reflexive Letzt-begründung versus radikaler Fallibilismus, in: Zeitschrift für allgemeine Wissenschaftstheorie, 16. Jg., 1985, Heft 2, S. 358 ff.; vgl. auch Apel, Fallibilismus, a.a.O., S. 178.

14 Apel, Fallibilismus, a.a.O., S. 178 f.

15 Ebenda, S. 185.

16 Ebenda, S. 194.

6. Mit Habermas gegen Habermas denken

1 Apel, Normative Begründung der »Kritischen Theorie« durch Rekurs auf lebensweltliche Sittlichkeit? Ein transzendental-pragmatisch orientierter Versuch, mit Habermas gegen Habermas zu denken, in: Axel Honneth, Thomas McCarthy,

Claus Offe, Albrecht Wellmer (Hg.), Zwischenbetrachtungen. Im Prozeß der Aufklärung. Jürgen Habermas zum 60. Geburtstag, Frankfurt/M. 1989, S. 15-65.

2 Jürgen Habermas, Moralbewußtsein und kommunikatives Handeln, Frankfurt/M. 1983, S. 53 ff.

3 Apel, Normative Begründung, a.a.O., S. 18.

4 Jürgen Habermas, Entgegnung, in: Axel Honneth/Hans Joas (Hg.), Kommunikatives Handeln. Beiträge zu Jürgen Habermas' Theorie des kommunikativen Handelns, Frankfurt/M. 1986, S. 350.

5 Apel, Normative Begründung, a.a.O., S. 21.

6 Ebenda.

7 Herbert Schnädelbach, Transformation der Kritischen Theorie, in: Honneth/Joas (Hg.), Kommunikatives Handeln, a.a.O., S. 34.

8 Apel, Normative Begründung, a.a.O., S. 22 f.

9 Habermas, Moralbewußtsein (Anm. 2), S. 105 f.

10 Vgl. Apel, Normative Begründung, a.a.O., S. 25.

11 Ebenda, S. 26.

12 Habermas, Moralbewußtsein, a.a.O., S. 108; Apel, Normative Begründung, a.a.O., S. 26.

13 Apel, Normative Begründung, a.a.O., S. 27.

14 Ebenda.

15 Ebenda, S. 28.

16 Vgl. Jürgen Habermas, Nachmetaphysisches Denken, Frankfurt/M. 1988.

17 Habermas, Moralbewußtsein, a.a.O., S. 106.

18 Apel, Normative Begründung, a.a.O., S. 60.

19 Ebenda, S. 63.

20 Hans Albert, Die Wissenschaft und die Fehlbarkeit der Vernunft, Tübingen 1982, S. 58-94.

21 Apel, Normative Begründung, a.a.O., S. 64 f.

7. Apels Antwort an die Postmoderne

1 Jean-François Lyotard, Grundlagenkrise, in: Neue Hefte für Philosophie 26, 1986, S. 1-33.

2 Ebenda, S. 2f. Zur ausführlichen Interpretation dieser Passagen vgl. Walter Reese-Schäfer, Lyotard zur Einführung, Hamburg, 2. Aufl. 1989, Kap. 3, S. 23-35 und Kap. 9, S. 75-89.

3 Lyotard, Grundlagenkrise, a.a.O., S. 3.

4 Ebenda, S. 5.

5 Ebenda, S. 10.

6 Ebenda.

7 Ebenda, S. 19.

8 Ebenda, S. 24.

9 Ebenda, S. 31 f.

10 Lyotard, Das postmoderne Wissen, Graz und Wien 1986, S. 188 ff.

11 Apel, Diskurs und Verantwortung, Frankfurt/M. 1988, S. 158.

12 Ebenda, S. 159.

13 Ebenda, S. 176.

14 Ebenda, S. 410; vgl. Lyotard, Das postmoderne Wissen, a.a.O., S. 13 ff., 147, 149.

15 Apel, Diskurs und Verantwortung, a.a.O., S. 411.

16 Apel, in: Florian Rötzer (Hg.), Denken, das an der Zeit ist, Frankfurt/M. 1987, S. 69.

17 Apel, Die Herausforderung der totalen Vernunftkritik und das Programm einer philosophischen Theorie der Rationalitätstypen, in: Concordia Nr. 11, 1987, S. 2-23, hier S. 19.

18 Ebenda, S. 2.

19 Ebenda, S. 15.

20 Ebenda, S. 17.

21 Ebenda, S. 18.

8. Politik und Ökonomie in Apels Philosophie

1 Apel, Diskurs und Verantwortung, Frankfurt/M. 1988, S. 182.

2 Ich zitiere hier und im folgenden aus Apels bislang ungedrucktem Kieler Vortrag «Diskursethik als politische Verantwortungsethik» vom 12. 2. 1990.

3 Karl R. Popper, Die offene Gesellschaft und ihre Feinde, 2 Bände, 6. Aufl., München 1980; ders., Das Elend des Historizismus, 5. Aufl., Tübingen 1979.

4 Jean-François Lyotard, Das postmoderne Wissen, Graz und Wien 1986.

5 Hans Jonas, Das Prinzip Verantwortung. Versuch einer Ethik für die technologische Zivilisation, Frankfurt/M. 1984, bes. seine Kritik an Ernst Bloch, S. 376 ff.

6 André Glucksmann, Die Meisterdenker, Reinbek 1978.

7 Immanuel Kant, Idee zu einer allgemeinen Geschichte in weltbürgerlicher Absicht (1784), in: ders., Kleinere Schriften zur Geschichtsphilosophie, Ethik und Politik, Hg. Karl Vorländer, Hamburg 1973, S. 18.

8 Hierzu vgl. Apel, Diskurs und Verantwortung, a.a.O., S. 185.

9 Ebenda, S. 272 (Hervorhebung von mir, W. Reese-Schäfer); vgl. auch Apel, Transformation der Philosophie, Bd. 2, Frankfurt/M. 1973.

10 Peter Ulrich, Transformation der Ökonomie. Fortschrittsperspektiven der modernen Industriegesellschaft, Bern/Stuttgart 1986.

11 Ebenda, S. 288.

12 Ebenda, S. 374.

13 Ebenda, S. 375.

14 Peter Ulrich, Die Weiterentwicklung der ökonomischen Rationalität — Zur Grundlegung der Ethik der Unternehmung, in: Bernd Bierverth/Martin Held (Hg.), Ökonomische Theorie und Ethik, Frankfurt/New York 1987, S. 122-149, hier S. 143.

15 Apel, Diskurs und Verantwortung, a.a.O., S. 297.

16 Ebenda.

17 Ebenda, S. 302.

18 Vgl. Niklas Luhmann, Die Wirtschaft der Gesellschaft, Frankfurt/M. 1988.

19 Apel, Diskurs und Verantwortung, a.a.O., S. 304.

20 Dan Usher, Die ökonomischen Grundlagen der Demokratie, Frankfurt/New York 1983, S. 7.

Resümee und Ausblick

1 Apel, Diskurs und Verantwortung, Frankfurt/M. 1988, S. 356.

2 Vgl. als Ausnahme: Otfried Höffe, Strategien der Humanität, Frankfurt/M. 1985 (zuerst Freiburg/München 1975).

3 In: Dieter Krohn u.a. (Hg.), Das Sokratische Gespräch — Ein Symposion, Hamburg 1989, S. 55-78.

4 Detlef Horster, Sokratische Gespräche in der Erwachsenen-bildung, in: D. Krohn u.a. (Hg.), Das sokratische Gespräch, a.a.O., S. 147-166, hier S. 151.

5 Barbara Neißer, Leonard Nelsons Sokratische Methode im Vergleich mit der Themenzentrierten Interaktion, in: D. Krohn u.a. (Hg.), Das sokratische Gespräch, a.a.O., S. 125-146, hier S. 131.

Literaturhinweise

1. Schriften von Apel in chronologischer Reihenfolge

Apels Hauptschriften enthalten die Sammelbände *Transformation der Philosophie*, 2 Bände, Frankfurt/M. 1973, und *Diskurs und Verantwortung*, Frankfurt/M. 1988. Die Erstdrucke der dort enthaltenen Aufsätze werden hier nicht eigens aufgeführt. Eine bis in das Jahr 1981 reichende Bibliographie der Einzeltitel und Übersetzungen in Fremdsprachen enthält Wolfgang Kuhlmann/Dietrich Böhler (Hg.), Kommunikation und Reflexion, Frankfurt/M. 1982, S. 777-786.

Technognomie, eine erkenntnis-anthropologische Kategorie, in: Gerhard Funke (Hg.), Konkrete Vernunft. Festschrift für Erich Rothacker, Bonn 1958, S. 61-78.

Wittgenstein und Heidegger, in: Philosophisches Jahrbuch, 75. Jg., 1962, S. 56-94 (zuerst als Kieler Antrittsvorlesung 1962, wieder abgedruckt in: Transformation der Philosophie, Bd. 1).

Kann es ein wissenschaftliches »Weltbild« überhaupt geben? Die theoretischen Wissenschaften in erkenntnis-anthropologischer Sicht, in: Zeitschrift für philosophische Forschung, Bd. 16, 1962, Heft 1, S. 26-57.

Die Idee der Sprache in der Tradition des Humanismus von Dante bis Vico, Bonn 1963 (Archiv für Begriffsgeschichte Bd. 8).

Das Leibapriori der Erkenntnis, in: Archiv für Philosophie, Bd. 12, Heft 1-2, 1963, S. 152-172.

Der Denkweg des Charles Sanders Peirce, Frankfurt/M. 1975 (zuerst als Einleitung zu Ch. S. Peirce, Schriften I und II, Frankfurt/M. 1967 und 1970.

Einführende Bemerkungen zur Idee einer »transzendentalen Sprachpragmatik« in: Carl H. Heidrich (Hg)., Semantics and Communication. Proceedings of the 3rd Colloquium of the Institute for Communications Research and Phonetics, University of Bonn (1972), Amsterdam/London/New York 1974, S. 81-144.

Charles W. Morris und das Programm einer pragmatisch integrierten Semiotik, Einleitung zu: Charles W. Morris, Zeichen, Sprache und Verhalten, Düsseldorf 1973, S. 9-66.

Transformation der Philosophie, 2 Bände, Bd. 1: Sprachanalytik, Semiotik, Hermeneutik; Bd. 2, Das Apriori der Kommunikationsgemeinschaft, Frankfurt/M. 1976 (zuerst 1973).

Sprache, in: Handbuch der philosophischen Grundbegriffe, Bd. III, Hg. Hermann Krings, H. M. Baumgartner, Christoph Wild, München 1974, S. 1383-1462.

Zur Idee einer transzendentalen Sprach-Pragmatik, in: Josef Simon (Hg.), Aspekte und Probleme der Sprachphilosophie, Freiburg/München 1974, S. 283-326.

Das Problem der philosophischen Letztbegründung im Lichte einer transzendentalen Sprachpragmatik. Versuch einer Metakritik des »Kritischen Rationalismus«, in: Bernulf Kanitscheider (Hg.), Sprache und Erkenntnis. Festschrift für Gerhard Frey zum 60. Geburtstag, Innsbruck 1976, S. 55- 81.

Sprechakttheorie und transzendentale Sprachpragmatik zur Frage ethischer Normen, in: K.-O. Apel (Hg.), Sprachpragmatik und Philosophie, Frankfurt/M. 1976 (Taschenbuchausg. 1982), S. 10-173.

Der Ansatz von Apel, in: Willi Oelmüller (Hg.), Transzendentalphilosophische Normenbegründungen, Paderborn 1978, S. 160-203 und 204-228.

Die Erklären-Verstehen-Kontroverse in transzendentalpragmatischer Sicht, Frankfurt/M. 1979.

Warum transzendentale Sprachpragmatik? Bemerkungen zu H. Krings »Empirie und Apriori«, in: Hans Michael Baumgartner (Hg.), Prinzip Freiheit. Eine Auseinandersetzung um Chancen und Grenzen transzendentalphilsophischen Denkens, Freiburg/München 1979, S. 13-43.

Ist die Ethik der idealen Kommunikationsgemeinschaft eine Utopie? Zum Verhältnis von Ethik, Utopie und Utopiekritik, in: Wilhelm Voßkamp (Hg.), Utopieforschung, Bd. 1, Stuttgart 1982, S. 325-355.

C. S. Peirce and the Post-Tarskian Problem of an adequate Explication of the Meaning of Truth. Towards a Transcendental-Pragmatic Theory of Truth, in: E. Freeman (Hg.), The Relevance of Charles Peirce, LaSalle 1983, S. 189-223.

Läßt sich ethische Vernunft von strategischer Zweckrationalität unterscheiden? Zum Problem der Rationalität sozialer Kommunikation und Interaktion, in: Willem van Reijen/Karl-Otto Apel (Hg.), Rationales Handeln und Gesellschaftstheorie, Bochum 1984, S. 23-80.

Ist die philosophische Letztbegründung moralischer Normen auf die reale Praxis anwendbar?, in: Funk-Kolleg Praktische Philosophie/Ethik: Dialoge, Bd. 2, Frankfurt/M. 1984, S. 123-146.

Ist eine philosophische Letztbegründung moralischer Normen möglich? (Gespräch mit Hans Albert), in: Funk-Kolleg Praktische Philosophie/Ethik, ebenda, S. 82-122.

Ist eine philosophische Letztbegründung moralischer Normen nötig? (Gespräch mit Hermann Lübbe), in: Funk-Kolleg Praktische Philosophie/Ethik, ebenda, S. 54-81.

Weshalb benötigt der Mensch Ethik, in: Funk-Kolleg Praktische Philosophie/Ethik: Dialoge, Bd. 1, Fankfurt/M. 1984, S. 49-162.

Das Problem einer philosophischen Theorie der Rationalitätstypen, in: Herbert Schnädelbach (Hg.), Rationalität. Philosophische Beiträge, Frankfurt/M. 1984, S. 15-31.

Grenzen der Diskursethik? Versuch einer Zwischenbilanz, in: Zeitschrift für philosophische Forschung, Bd. 40, 1986, Heft 1, S. 3-31.

Die Herausforderung der totalen Vernunftkritik und das Programm einer philosophischen Theorie der Rationalitätstypen, in: Concordia, Nr. 11, 1987, S. 2-23.

Gespräch mit Florian Rötzer, in: Florian Rötzer (Hg.), Denken, das an der Zeit ist, Frankfurt/M. 1987, S. 52-75.

Fallibilismus, Konsenstheorie der Wahrheit und Letztbegründung, in: Forum für Philosophie Bad Homburg (Hg.), Philosophie und Begründung, Frankfurt/M. 1987, S. 116-211.

Sprachliche Bedeutung, Wahrheit und normative Gültigkeit. Die soziale Bindekraft der Rede im Lichte einer transzendentalen Sprachpragmatik, in: Archivio di filosofia, LV, 1987, S. 51-88.

Diskurs und Verantwortung. Das Problem des Übergangs zur postkonventionellen Moral, Frankfurt/M. 1988.

Normative Begründung der »Kritischen Theorie« durch Rekurs auf lebensweltliche Sittlichkeit? Ein transzendental-pragmatisch orientierter Versuch, mit Habermas gegen Habermas zu denken, in: Axel Honneth u.a. (Hg.), Zwischenbetrachtungen. Im Prozeß der Aufklärung, Jürgen Habermas zum 60. Geburtstag, Frankfurt/M. 1989.

Sinnkonstitution und Geltungsrechtfertigung. Heidegger und das Problem der Transzendentalphilosophie, in: Forum für Philosophie Bad Homburg (Hg.), Martin Heidegger: Innen-und Außenansichten, Frankfurt/M. 1989, S. 131- 175.

Das Sokratische Gespräch und die gegenwärtige Transformation der Philosophie, in: Dieter Krohn, Detlef Horster und Jürgen Heinen-Tenrich (Hg.), Das Sokratische Gespräch — Ein Symposion, Hamburg 1989, S. 55-77.

Diskursethik als politische Verantwortungsethik, Vortrag auf dem Kongreß Ethik und Politik heute: Verantwortliches Handeln in der technisch-industriellen Welt, Kiel 22.2.1990 (unveröffentlicht).

Ausgewählte Sekundärliteratur

Albert, Hans: Transzendentale Träumereien. Karl-Otto Apels Sprachspiele und sein hermeneutischer Gott, Hamburg 1975.

Ders.: Münchhausen oder der Zauber der Reflexion, in: ders., Die Wissenschaft und die Fehlbarkeit der Vernunft, Tübingen 1982, S. 58-94.

Ders.: Die angebliche Paradoxie des konsequenten Fallibilismus und die Ansprüche der Transzendentalpragmatik, in: Zeitschrift für philosophische Forschung, 41. Jg. 1987, Heft 3, S. 421-428. (Von allen Gegnern Apels ist Hans Albert der am klarsten und am stärksten philosophisch argumentierende.)

Böhler, Dietrich: Rekonstruktive Pragmatik, Frankfurt/M. 1985 (Solide Gesamtdarstellung auf dem gleichen Komplexitätsniveau wie Apels Texte selbst.)

Burger, Rudolf: Lob der Niedertracht — Probleme mit der Universalethik von Habermas und Apel, in: Leviathan, 16. Jg. 1988, Heft 4, S. 443-456.

Forum für Philosophie Bad Homburg: Philosophie und Begründung, Frankfurt/M. 1987.

Forum für Philosophie Bad Homburg: Zerstörung des moralischen

Selbstbewußtseins: Chance oder Gefährdung? Praktische Philosophie in Deutschland nach dem Nationalsozialismus, Frankfurt/M. 1988.

Gethmann, Carl Friedrich/Hegselmann, Rainer: Das Problem der Begründung zwischen Dezisionismus und Fundamentalismus, in: Zeitschrift für allgemeine Wissenschaftstheorie, 8. Jg. 1977, Heft 2, S. 342-368.

Habermas, Jürgen: Moralbewußtsein und kommunikatives Handeln, Frankfurt/M. 1983 (Repräsentativer Text für die parallel zu Apel ausgearbeitete Diskursethik.)

Hogrebe, Wolfgang: Das Gemurmel der Gemeinde. Aus der Schule Karl-Otto Apels, in: Allgemeine Zeitschrift für Philosophie, 11. Jg. 1986, Heft 2, S. 59-66.

Höffe, Otfried: Sind Moral- und Rechtsbegründung kommunikations (konsens-, diskurs-theoretisch möglich? Einige Thesen, in: ders., Ethik und Politik, Frankfurt/M. 1979, S. 243-250 (Höffe vertritt gegenüber Apel eine stärker traditionelle, an Kant ausgerichtete politische Ethik.)

Ders.: Ist die transzendentale Vernunftkritik in der Sprachphilosophie aufgehoben? Eine programmatische Auseinandersetzung mit Ernst Tugendhat und Karl-Otto Apel, in: Philosophisches Jahrbuch, 91. Jg. 1984, S. 250-272.

Hösle, Vittorio: Die Transzendentalpragmatik als Fichteanismus der Intersubjektivität, in: Zeitschrift für philosophische Forschung, Bd. 40, 1986, S. 235-252.

Krings, Hermann: System und Freiheit. Gesammelte Aufsätze, Freiburg/München 1980 (Darin vor allem die wichtige Apel-Kritik: Empirie und Apriori, S. 69-98. Apel hat darauf mit dem Aufsatz »Warum transzendentale Sprachpragmatik«, 1979, geantwortet. Krings seinerseits repliziert mit »Die Grenzen der Transzendentalpragmatik«, in: H. M. Baumgartner (Hg.), Prinzip Freiheit, Freiburg/München 1979, S. 348-378.)

Kuhlmann, Wolfgang: Reflexive Letztbegründung. Zur These von der Unhintergehbarkeit der Argumentationssituation, in: Zeitschrift für philosophische Forschung, Bd. 35, 1981, S. 3-26.

Ders.: Reflexive Letztbegründung. Untersuchungen zur Transzendentalpragmatik, Freiburg/München 1985. (Dieser Band ist das Standardwerk zum Thema Letztbegründung und stellt übersichtlich die wesentlichen Argumente, die dafür sprechen, zusammen.)

Ders.: *Prinzip Verantwortung versus Diskursethik*, in: Archivio di Filosofia LV, 1987, S. 89-116.

Ders. *(Hg.): Moralität und Sittlichkeit*. Das Problem Hegels und die Diskursethik, Frankfurt/M. 1986 (wichtiger Diskussionsband zur Diskursethik).

Ders./Böhler, Dietrich *(Hg.): Kommunikation und Reflexion*. Zur Diskussion der Transzendentalpragmatik, Antworten auf Karl-Otto Apel, Frankfurt/M. 1982 (Der wohl gewichtigste Diskussionsband zu Apel. Das Buch enthält eine Bibliographie der Veröffentlichungen Apels bis 1981.)

Luhmann, Niklas: *Intersubjektivität oder Kommunikation*: Unterschiedliche Ausgangspunkte soziologischer Theoriebildung, Archivio di Filisofia LIV, 1986, S. 41-60.

Lyotard, Jean-François: *Grundlagenkrise*, in: Neue Hefte für Philosophie, Heft 26, 1986, S. 1-33.

Oelmüller, Willi *(Hg.): Transzendentalphilosophische Normenbegründungen*. Materialien zur Normendiskussion Bd. 1, Paderborn 1978 (enthält wichtige Diskussionsbeiträge und Apels Reaktion darauf in Form protokollierter Rede und Gegenrede).

Simon, Josef: *Diskussionsbeitrag zu dem Vortrag von K.-O. Apel*, Die Transzendentalpragmatische Begründung der Kommunikationsethik und das Problem der höchsten Stufe einer Entwicklungslogik des moralischen Bewußtseins, in: Archivio di Filosofia, LIV, 1986, S. 159-165.

Simons, Eberhard: *Transzendentalphilosophie und Sprachpragmatik*. Zur Methodik der Auseinandersetzung von Hermann Krings mit der transzendentalen Sprachpragmatik Karl-Otto Apels, in: H. M. Baumgartner (Hg.), Prinzip Freiheit, Freiburg/München 1979, S. 44-72 (Die Differenzen zwischen Apels Diskurskonzept und der traditionellen deutschen Schulphilosophie werden in der Debatte mit Krings besonders deutlich.)

Weinrich, Harald: *System, Diskurs, Dialektik und die Diktatur des Sitzfleisches*, in: Franz Maciejewski (Hg.), Theorie der Gesellschaft oder Sozialtechnologie, Theorie-Diskussion Supplement I, Frankfurt/M.. 2. Aufl. 1975, S. 145-161 (Blick auf die Diskurspraxis. Die Einwände kommen aus einer Richtung, die der von Krings genau entgegengesetzt ist.)

Wellmer, Albrecht: Ethik und Dialog. Elemente des moralischen Urteils bei Kant und in der Diskursethik, Frankfurt/M. 1986 (Eine sehr lesenswerte und übersichtliche Darlegung der Bezüge und Differenzen zwischen der Diskursethik und Kant.)

Wetzel, Manfred: Tugendhat und Apel im Verhältnis zu Kant. Zu Otfried Höffe, Ist die transzendentale Vernunftkritik in der Sprachphilosophie aufgehoben?, in: Philosophisches Jahrbuch, 94. Jg. 1987, S. 387-394.

Ders.: Diskurse als Wege zur Dialektik, in: Zeitschrift für philosophische Forschung, Bd. 43, 1989, S. 213-240.

Zeittafel

1922	Karl-Otto Apel wird am 15. März in Düsseldorf geboren.
1945-50	Studium der Philosophie, Germanistik und Geschichte in Bonn.
1950	Promotion zum Dr. phil. mit der Dissertation *Dasein und Erkennen. Eine erkenntnistheoretische Interpretation der Philosophie Martin Heideggers* (unveröffentlicht).
1961	Habilitation in Mainz mit der Studie *Die Idee der Sprache in der Tradition des Humanismus von Dante bis Vico* (veröffentlicht 1963).
1962-69	Professor für Philosophie in Kiel (Antrittsvorlesung: »Wittgenstein und Heidegger«).
1969-72	Professor für Philosophie in Saarbrücken.
1973	Professor für Philosophie in Frankfurt am Main.
1973	In der zweibändigen *Transformation der Philosophie* wird erstmals Apels eigener Theorieentwurf sichtbar. Der dort enthaltene Aufsatz »Das Apriori der Kommunikationsgemeinschaft« begründet die Diskursethik.
1976	Kontroverse mit Hans Albert über die Letztbegründung.
1982	Auseinandersetzung mit dem Neokonservatismus in dem Aufsatz »Ist die Ethik der idealen Kommunikationsgemeinschaft eine Utopie?«
1984	Das *Funk-Kolleg Praktische Philosophie/Ethik* unter maßgeblicher Beteiligung Apels verschafft seinem Denkansatz breite Resonanz.
1986	In dem Aufsatz »Grenzen der Diskursethik?« zieht Apel eine Zwischenbilanz.
1987	Auseinandersetzung mit der Postmoderne — vor allem in dem Aufsatz »Die Herausforderung der totalen Vernunftkritik«.
1988	*Diskurs und Verantwortung*
1990	Emeritierung Apels in Frankfurt am Main.

Walter Reese-Schäfer, geb. 1951, Studium der Germanistik, Politikwissenschaft und Philosophie in Hamburg, Dr. phil., arbeitet als Dokumentar für *Die Zeit* und den *Stern*. Veröffentlichungen: Zur Geschichte der sozialistischen Heine-Rezeption in Deutschland, Frankfurt/M. 1979; Literarische Rezeption, Stuttgart 1980; Lyotard zur Einführung, Hamburg 1988, 2. Aufl. 1989; zusammen mit Bernhard Taureck Herausgeber des Sammelbandes Jean-François Lyotard, Cuxhaven 1989, 2. Aufl. 1990. Neuere Aufsätze: Eine Anmaßung des Geistes? Das Erhabene, in: Spuren Nr. 30/31, Dez. 1989; Universalismus, negativer Nationalismus und die neue Einheit der Deutschen, in: Perspektiven DS, 7. Jg. 1990, Heft 2.